职业院校汽车整形技术专业系列教材

职业学校汽车车身修复专业系列教材

# 汽车营销实务

肖文颖　赖建生　主　编

电子工业出版社

**Publishing House of Electronics Industry**

北京·BEIJING

## 内容简介

本书从教学与实际操作出发，结合教学和生产实际的需要作为编写的指导思想，完整、详实地介绍了汽车营销整个过程。包括汽车销售前的准备、客户接待、客户需求分析、车辆展示与介绍、异议处理和签约、交车与售后跟踪、车险车贷等，一切从4S店实际售车操作出发。

本书可供中、高等职业院校汽车整形技术专业、汽车车身修复专业、汽车技术与服务营销专业、汽车运用与维修专业教学使用，也可作为汽车销售顾问的岗位培训教材或自学用书。

**图书在版编目（CIP）数据**

汽车营销实务 / 肖文颖，赖建生主编. —北京：电子工业出版社，2015.2

ISBN 978-7-121-24932-7

Ⅰ.①汽… Ⅱ.①肖… ②赖… Ⅲ.①汽车—市场营销学 Ⅳ.①F766

中国版本图书馆CIP数据核字（2014）第274090号

策划编辑：杨宏利

责任编辑：杨宏利　　　特约编辑：李淑寒

印　　刷：北京盛通数码印刷有限公司

装　　订：北京盛通数码印刷有限公司

出版发行：电子工业出版社

　　　　　北京市海淀区万寿路173信箱　　邮编：100036

开　　本：787×1 092　1/16　印张：9.5　字数：243.2千字

版　　次：2015年2月第1版

印　　次：2024年9月第10次印刷

定　　价：28.00元

凡所购买电子工业出版社图书有缺损问题，请向购买书店调换。若书店售缺，请与本社发行部联系，联系及邮购电话：（010）88254888，88258888。

质量投诉请发邮件至zlts@phei.com.cn，盗版侵权举报请发邮件至dbqq@phei.com.cn。

本书咨询联系方式：（010）88254591，bain@phei.com.cn。

# 前 言 Preface

　　为贯彻《国务院关于加快发展现代职业教育的决定》精神，深化职业教育教学改革，坚持校企合作、工学结合，强化教学、学习、实训相融合的教育教学活动，适应经济发展、产业升级和技术进步需要，建立专业教学标准和职业标准联动开发机制，积极推进课程体系改革和教材建设，培养服务区域发展的技术技能人才，我们组织汽车专业骨干教师及相关企业专家共同编写了本套教材。《汽车营销实务》是本套教材中的一本。

　　本书以专业教学标准和职业标准联动为指南，本着实用、够用、能用的宗旨，在调研汽车销售顾问等汽车营销相关岗位的技能与职业标准后，突破以往的营销教材编写体系，重点讲述现代汽车的营销理念和营销技能。

　　本书围绕汽车销售的流程，结合当今中国汽车市场的发展现状，对汽车销售岗位进行了全面阐述，内容包括商务礼仪、潜在客户开发、需求分析、车辆介绍、竞争车型比较、试乘试驾、异议处理、价格谈判、汽车保险、汽车贷款、汽车上牌、交车服务、售后跟踪服务、汽车销售合同等知识。按照模块教学的需要分成销售前的准备工作、客户接待、需求分析、车辆的展示与介绍、异议处理与签约成交、交车服务与售后跟踪服务、汽车销售一条龙服务共7个项目。每个项目设置若干任务，每个任务的工作内容相对独立，按照认知规律设计为任务分析、相关知识、任务实施3个步骤进行学习和训练。

　　本书由广东科学技术职业学院肖文颖、赖建生任主编，其中项目一、项目四由肖文颖编写，项目二、项目三由赖建生编写，项目五由广东科学技术职业学院文有华编写，项目六由珠海市欧亚汽车技术有限公司段海峰编写，项目七由珠海市众特汽车销售服务有限公司陈崇峻编写，其他编写人员有于海东、陈海波、刘家昌、吴杰、黄园园、曾淑寒、曾瑶瑶。

　　本书编写过程中，得到珠海市欧亚汽车技术有限公司、珠海市众特汽车销售服务有限公司的技术支持，在此表示感谢。对本书所参阅和引用文献资料的作者表示诚挚的谢意。

　　由于编者水平有限，错误和疏漏之处在所难免，望读者批评、指正。

编　者

2014年10月28日

# 目 录 Contents

# 项目一　汽车销售必备

机遇总偏爱有准备的头脑，汽车销售也是如此。在现实卖场中，销售人员真正和客户面对面的时间并不多，绝大部分的时间其实都用在了准备工作上。做好准备工作，能让我们最有效地接待客户，帮助我们在销售前就明了客户的需求，以便迅速掌握销售重点，节约宝贵的时间，做出有效、可行的销售计划。销售准备的目的，就在于建立销售人员专业的销售形象和信心，并赢得客户的认可和信任。

## 任务一　汽车销售前的准备

作为一项集脑力、体力、亲和力于一体的创造性活动，汽车销售工作既富有乐趣，又极具挑战性。其实，销售任何产品即便是油条或豆浆，都是一个非常复杂的过程，更别说销售汽车这种技术含量非常高的产品。如何才能做好汽车销售工作？每个成功的销售人员各有不同的特技。但有一点是相同的，就是必须做好汽车售前准备。不论汽车销售技巧如何演变，这项基本原则和有效方法都不会过时，也不应该疏忽。俗话说，磨刀不误砍柴工。成功而有效的售前准备，是汽车销售的起点，也是踏向汽车销售成功之路的第一步。

### 一、任务分析

有鉴于销售前准备工作的重要性，准备充足是每一个汽车销售人员的首要任务。本任务紧紧围绕汽车销售这一主题，从产品知识、汽车消费行为以及销售人员的工作态度三个方面，理顺汽车销售中客户、汽车产品和销售人员这三方的关系。

### 二、相关知识

#### 1. 汽车产品

汽车销售人员在为客户提供服务活动之前，必须要有相当的汽车产品的知识储备，如满足客户需求的汽车产品知识，解决客户问题的产品知识及应用，汽车市场的整体状况，竞争汽车品牌的情况，所在销售区域的汽车市场情况等。即使最新入行的汽车销售人员，最基本的汽车知识也必须包括所销售车型的相关功能、参数以及保养维护常识等方面的内容。

## （1）自身企业的汽车产品知识

现在，已经上市的汽车品牌繁多，加上每个品牌有多个规格和型号，销售人员要面对的汽车产品不胜枚举。销售中花在产品认识上的时间与精力就比做其他的产品要多得多。如果对自己的销售工作没有一个正确的认识，不肯花大量的时间进行这方面的研究，就会一知半解，不利于自己的销售。从客户的决策过程看，客户在决定购买前，一定希望汽车销售人员对他们提出的任何问题都能给予一个满意的答复。只要客户有一点疑虑，就可能让整个销售工作前功尽弃。所以，丰富的产品专业知识是汽车销售问题的核心。要想成为一个专业的汽车销售人员，首先就应非常熟悉自身企业和所售产品。

### ① 熟悉品牌

熟悉汽车品牌的创建历史，该品牌在汽车业界的地位与价值，以及世界汽车工业发展的历史，对一些影响汽车工业发展的历史事件要知根知底，耳熟能详。此外，还有制造商的情况，包括设立的时间、成长历史、企业文化、产品的升级计划、新产品的研发情况、企业未来的发展目标等。

### ② 熟悉产品

熟悉汽车产品的结构与原理，以便针对某些追新求异的客户，在新技术的诠释上超过竞争对手。熟悉应用于汽车的新技术、新概念，如ABS、EBD、EDS、GPS、全铝车身、蓝牙技术等，以便与其他竞争产品比较优势与卖点等。只有熟悉汽车的结构原理、主要性能、保养检测知识，了解各种汽车的型号、用途、特点和价格，才能当好客户的"参谋"，及时回答客户提出的各种问题，消除客户的各种疑虑，促成交易。

### ③ 熟悉销售细节

熟悉汽车销售工作中每个环节及细节，如进货、验收、运输、存车、定价、广告促销、销售、售后服务、信息反馈等，以及在洽谈基础上签订合同、开票出库等手续。此外，还要熟悉销售服务中的各个环节，如加油、办移动证、工商验证等。

## （2）竞争对手的汽车产品知识

兵法云：知己知彼，百战不殆。汽车销售人员在充分了解自身企业的汽车产品知识的同时，也必须围绕竞争性汽车产品，了解竞争对手有关产品、服务的一些情况。

### ① 品牌优势

其包括竞争对手的品牌历史、品牌知名度及影响力、品牌所能给予客户的附加值等。

### ② 产品优势

其包括竞争对手产品的技术特点、性能水平、重要差别、销售情况、相对的优缺点等。

### ③ 特殊销售政策

其包括竞争对手的各类优惠活动，不论是正在进行的，还是已经进行过的。此外，还有竞争对手给予客户的承诺等。

#### ④ 销售商的情况

该销售商的成长历史、企业文化现状、经营现状、企业领导人的特质、销售人员的专业能力、客户对他们的评价等。

一般情况下，客户在选购汽车产品的时候，会要求销售人员对同类产品进行比较，此时如果销售人员不清楚竞争产品与竞争商家的情况，很难向客户阐明自己的销售特色，从而影响他们的决策。当客户要求比较和评价时，切忌做出负面的评价，这是专业汽车销售基本的常识，但也不能对竞争产品倍加赞赏。从消费心理看，如果按照客户的要求说明竞争对手的劣势，他们会从心理上拉大与销售人员的距离，不利于打消他们的异议。特别是在客户已经认同竞争对手及其产品时，起到的负面作用更加明显。

## 2. 汽车消费

销售人员需要了解所销售的产品，更需要了解销售的服务对象即客户，更准确地说，是客户的消费行为。诸如客户的采购政策、购买模式、习惯偏好以及客户提出的产品服务等，这些都属于客户的消费行为。可以这么说，一个优秀的汽车销售人员不仅能根据产品价格来理解潜在客户，而且应该从客户常见的消费行为来了解真正的客户。

### （1）消费行为的指向

消费行为是一个社会科学的概念，通常是指消费者在正常情况下的普遍行为倾向。也正是这些普遍的行为倾向，可以向我们揭示客户在做采购决策时的思考模式。

曾经有这样一个案例：一对夫妻带着两个孩子，进入某4S店采购越野车。在短暂的交谈中，销售人员即有效地掌握了这个潜在客户的倾向。如他们有知识，有自己的判断能力，并在来店之前对产品做了足够的了解等。无疑，这对夫妻在汽车采购问题上相当成熟。他们不会在不了解销售人员所推荐的车型之前就谈论价钱，他们会去其他的销售商那里进行比较，而且他们清楚应该比较什么。这一切，销售人员都心知肚明。一个优秀的销售人员如果不深刻地理解潜在客户的普遍行为倾向，那么销售过程就是一个无序的没有方向指点的过程。在销售过程中，销售人员并不是就车论车，他注意到了客户的业余爱好，有意识地根据这个客户的特点，诚恳地告知客户一个比公开价格低一些的价格作为议价的起始点。这种深刻理解客户消费行为的表现，最终促成了一单交易。

显然，上面这个案例的成功之处，就在于销售人员集中智慧仔细审视了客户的消费行为。那消费行为到底是什么？究竟有多大作用？

其实，消费行为是一种表现在客户采购产品时的行为倾向。通常，客户在面对消费活动尤其是大宗消费时，他们会表现得很谨慎、小心、警觉，并伴随着或轻或重的敏感、激动和兴奋。客户会询问许多他们不明白的问题，以纾解他们内心的疑虑。客户会运用各种可能来调查、了解他所面对的商家、销售人员，以及用他们的眼睛观察、用耳朵倾听、用四肢去感知、用大脑来思考，他们会集合所有收集到的信息做最后的判断。客户会看销售人员的衣着，看销售人员推荐的产品，判断它们是否符合他们内心的需求和需要。客户感受着展厅内大厅的气氛、布置，甚至努力地从展厅内其他客户的表现上来感受商家和销售人员的声誉。客户不仅观察销售人员的举止、谈吐，还分析销售人员说的话。以上所有这些都是消费行为的表现。

客户的消费行为即言谈举止，都在揭示着他的内心世界、他的看法以及他的价值观。如身为汽车销售人员的你，向一个客户推荐无级变速的汽车，并向他描述这种功能为操控汽车所带来的舒畅感觉，但是这个客户却更加关注手动挡的控制感和起动时的力度感，这就是不同的价值观。遇到这个情况时，没有受过训练的你通常都会努力说明无级变速才是汽车发展的方向，无级变速才有更大的驾乘快感，并试图让客户接受你自以为很新的观点，以形成对汽车动力的新看法和价值判断尺度。但你是否认真想过，客户真的会从内心接受你的观点和看法吗？也许表面上这个客户会说："是的，汽车行业流行的趋势的确是无级变速"。但其实客户仍然在坚决地否定你的看法，他会问你："你开了多长时间车了？"这只是另一种表示异议的说法。如果这时你仍然坚持自己的看法，恐怕就会永远失去这个客户了。

在客户表现出的种种消费行为面前，销售人员能够做什么？就是争取获得客户的信任，努力影响客户最后的判断。许多销售人员认为应该努力先让客户喜欢上自己推荐的产品，或者一些初级的销售人员努力完成的第一件事就是努力签约。这当然重要，但不是简单就能做到的事。销售人员应该看到，从客户的第一次拜访到最后签约成交，这是一个漫长的过程，对于价格较高的产品尤其如此。销售人员要达到影响客户的目的，最重要的是第一步，就是获得信任。但要获得一个陌生人的信任是一个非常艰巨的挑战，即便是受过特殊训练的销售人员，也不容易。这一切都需要时间，因为要赢得一个人的信任，首先就是了解这个人，了解他的文化，了解他的思想，了解他的价值观，了解他喜欢什么、憎恨什么。显然，没有足够的时间，没有足够的机会，不可能用较短的时间完全了解一个陌生人。

如同绝大多数的人一样，客户在沟通中，一定会通过他们的提问，他们的行为举止以及他们的议论，流露出他们的思想、观点，表明他们认为什么要素才是符合他们需要的好车。这些就是销售人员必须要掌握的消费行为。

## （2）销售行为的影响因素

分析客户的消费行为，汽车的潜在客户只有具备了三个因素，才有可能进店看车，那就是资金、决定权以及需求。在这三个条件中，最重要的应该是需求。因为没有需求，就不会来看车。但也不能没有其他两个条件：有了需求却没有钱，也没有用，因为买不起。即便有了需要，也有了钱，若没有对钱的掌控力，通常也不会来看车。现实卖场中，很少有女性客户独自来展厅看车，因为她们虽然有需要，也有钱，但是运用钱的权力不够，所以她们通常会与父亲或老公一起来看车。

即使有了资金、决定权、需要，客户仍然有可能不会成为你的客户。因为竞争对手太多，可以选择的余地太多。因此，作为销售人员，必须弄清楚客户为什么会选择某个销售商作为自己采购汽车的地方。

这通常有两个原因，即销售商的实力和销售商展示出来的售后服务能力。实力强大的销售商能够满足客户对可信度的心理需求，而良好的售后服务则不但能满足客户对可信度的心理需求，更能在行动上切切实实地给客户以保证。也许很多销售人员会自信地说，客户选择我们展厅的车，是因为我们卓越的销售能力。事实究竟如何呢？无疑，赢得客户信任的销售人员，完全可以影响客户采购汽车的决策。但大多数情况下，销售商的实力以及展示出来的售后服务能力，才是一个客户更为看重的地方。显然，销售商的实力不是销售人员的技巧可以提高的，销售人员的技巧再高也不会对增加销售商的投资额起到多大的作用。不过，销售商展示出来的售后服务能力倒是销售人员有机会表现出来的东西。反过来说，如果销售技巧低劣，即便有良好的售后服务能力，客户也无法理解或感受到。所以，销售人员个人的销售能力至少有能力影响其中的一个，即销售商展示售后服务的好坏。

在分析具体的消费行为时，销售人员必须清楚，我们面对的潜在客户：有理智、有自己的思考能力，他们在进入你的展厅之后还会访问其他展厅，他们很重视建立信任关系并常常受其影响，他们在进展厅前一定阅读了相应的与汽车有关的资料，如果他们认为自己不太懂汽车，他们一定会邀请一些懂汽车的朋友陪同他们来看车，他们在决策时通常喜欢听取周围人的意见，他们的决策容易受到他们认为懂汽车的人的影响，他们更加注重汽车是否满足他们自己的需要等。

## 3. 汽车销售人员的工作态度

身为一名汽车销售人员，最大的阻碍不是别人，而是自己。对汽车销售工作，销售人员态度积极与否，直接影响到销售的成败。

### （1）消极的工作态度

#### ①不充实专业知识

在我国现在汽车这个行业在迅猛的发展，大多数人都看到了汽车发展的前景，从而进入汽车的各个岗位工作。但在我国，汽车销售人员缺乏相对的专业知识是很普遍的情况，很多人在做汽车销售以前都不属于汽车行业，有的甚至连简单的汽车标志都不认识。专业销售人员的缺乏，加上国家教育的滞后，导致了一些非对口专业的人进入汽车销售行业。这些人通常只接受了简单的培训，就去和客户交流。由于没有学习过相应的专业知识，也没有掌握一些熟练的销售技巧，使得他们离开了资料就不会说，或被问到资料以外的问题就哑口了，也不会去分析和了解客户。这样自然就导致了客户对销售人员的不信任，无法让客户了解本公司的品牌和优势所在。

#### ② 微笑难见

微笑是人类最基本的动作，是对成功的嘉奖。笑不仅能拉近两个陌生人之间的关系，也能让人心情和身心更加轻松。对销售人员来说，不论是从容面对，还是尴尬难堪，微笑往往是最好的解决方法。一个好的微笑，就是一个好的开始。微笑能让客户感到一种亲切感，自然加大了对销售人员的信任。

微笑这样重要，但很多汽车销售人员却笑得不自然，很勉强。他们通常在遇到客户的刁难，感觉自己面子有损的时候，脸色立马就会发生变化。而且这样的情绪会长时期地伴随着，会一直影响下去，影响自己、甚至会延续到下一个来店的客户。在很多汽车4S店中，我们经常可以看到这样的情形：客户进店的时候，销售人员立马主动相迎，用自己一辈子最好看的微笑去迎接，去接待。但是当客户表示不买的时候，销售人员的脸色会发生很大的变化。特别当客户进行刁难的时候，客户走后销售顾问往往还会在后面进行谩骂，更别说礼送客户离开了。

### ③ 日常工作完成不积极

对汽车销售没有深刻理解的人，往往只会认为销售人员的任务，就是吸引客户，将车卖出去，这其实是一种非常肤浅的认识。汽车销售人员在工作中不只是要卖车，还要进行客户挖掘。其中每天的任务是要完成三表一卡，和对客户进行及时的追踪、回访，因为这些能增加客户对公司的印象，确保客户资源不流失，并得到更多的新客户。但是在一些汽车销售人员中，这些都没有去做或者说做到位。他们在接待一些客户时，常常根据自己的主观思想去判断客户的购车意向。如果销售人员感到客户没有多大的购车意向时，就不会去询问客户的基本信息、情况，并索要对方的名片。这样就造成了很多客户资源的遗漏，使得一些有购买意向的客户信息流失，为企业带来巨大的损失。

## （2）积极的工作态度

在汽车行业中，销售人员被冠以"顾问"的称号，首要的是实现"顾问"的角色：以丰富的专业知识技巧，给客户提供客观的专业咨询，通过由浅入深的交流与沟通，博得客户的青睐，赢得销售工作的春天。

因此，汽车销售人员应当要做到比客户的知识面更广，比客户更了解客户。很多客户来店看车，其实并不一定明白自身的购车需求。特别是一些对汽车产品极不专业的客户，当问及他们需要选购什么样的汽车产品时，还会提出一些不相关甚至是不切实际的要求。这些都是不了解自身需求的表现。显然，客户从萌发购车欲望到最终完成购买，要经历一个相对漫长的过程，即初期的羡慕、到心动、再到想要，直到需要。在前三个阶段中，只是一种想法而已，并不可能落实到行动上。此时，销售人员要做的工作就是如何让这个过程缩短、加速客户购买心理的变化，抢在竞争对手之前让他们的需求与欲望明确化，最终达到销售的目标。要实现这种变化，销售人员就必须能够透视客户心理、明确客户的需求，也就是说比客户对他们自己的了解还要深入、还要准确。此外，客户是各种各样的，他们的职业经历、职业背景、专业特征各不相同，与他们沟通必须因人而异，根据他们的特征针对性地做出处理。

图1-1　汽车销售人员的风采

销售人员要成功地与客户沟通，准确把握客户的需求，促动客户的心理需求变化，不但必须掌握和运用一些基本的推销术和谈判技巧，更重要的是要有积极的销售工作态度，如图1-1所示。

### ① 做个有心人

"处处留心皆学问"，要善于总结销售经验，养成勤于思考的习惯。每天都要对自己的工作检讨一遍，看看那些地方做得好，为什么？那些地方做得不好，为什么？多问自己几个为什么，才能发现工作中的不足，促使自己不断改进工作方法。只有提升能力，才可抓住机会。

机遇对每个人来说都是平等的，只要你是有心人，就一定能成为行业的佼佼者。如中国台湾企业家王永庆刚开始经营自己的米店时，就记录客户每次买米的时间，记住家里有几口人，这样他算出人家米能吃几天，快到吃完时，就给客户送过去。正是王永庆的这种细心，才使自己的事业发展壮大。

作为一名汽车销售人员，客户的每一点变化，都要去了解，努力把握每一个细节，做个有心人，不断地提高自己，去开创更精彩的人生。

### ② 熟悉产品，明确自身职责

销售人员不仅要熟悉自己销售的产品，了解客户的消费行为以及自我态度。同时，还要充分理解自己的工作环境，熟悉公司的业务范围和与岗位有关的客户情况。只有熟知自己的工作性质和工作任务，才能明了销售岗位有些什么要求，责任有多大。这些方面的内容越详细清楚，对自己就越有帮助，必须牢记在心。如果销售人员自己认同本企业文化，就要使自己的价值观与企业倡导的价值观相吻合，以便进入企业后，自觉地将自己融入整个团队中，以企业文化来约束自己的行为，为企业尽职尽责。

### ③ 真诚、自信，富有热情

态度是决定一个人做事能否成功的基本要求，作为一个销售人员，必须抱着一颗真诚的心，诚恳地对待客户，对待同事，只有这样，别人才会尊重你，把你当做朋友。业务代表是企业的形象，企业素质的体现，是连接企业与社会、与消费者、与经销商的枢纽，因此，业务代表的态度直接影响着企业的产品销量。

自信心是一种力量。首先，要对自己有信心，每天工作开始的时候，都要鼓励自己，要能够看到公司和自己产品的优势，并把这些熟记于心，要和对手竞争，就要有自己的优势，就要用一种必胜的信念去面对客户和消费者。被称为汽车销售大王的世界基尼斯纪录创造者乔·吉拉德，曾在一年中零售推销汽车1600多部，平均每天将近五部。他去应聘汽车推销员时，老板曾问他，你推销过汽车吗？他说，没有，但是我推销过日用品，推销过电器，我能够推销它们，说明我能够推销自己，当然也能够推销汽车。知道没有力量，相信才有力量。乔·吉拉德之所以能够成功，是因为他有一种自信，相信自己可以做到。

热情是一种具有感染力的情感，它能够带动周围的人去关注某些事情，当销售人员很热情地与客户交流时，客户通常也会"投之以李，报之以桃"。再如当销售人员在路上行走时，正好碰到客户，该如何呢？销售人员应伸出手，很热情地与对方寒暄。也许，这名客户很久没有碰到这么看重他的人了，结果，或许就因为销售人员的热情，而促成了一笔新的交易。

### ④ 树立专业形象，掌握销售技巧

汽车产品与其他的产品有极大的不同，销售环境各具特色，技术含量非常高。因此，汽车销售人员能否在客户面前营造专业的形象，显得尤为重要。在与客户的迎来送往中，销售人员应通过专业的言行举止，让客户感受到销售人员的专业性，从而增强产品的销售力，达到与客户之间的良好沟通。

在实际的销售过程中，一些销售人员不太注意这方面的细节，如：不注意口腔的卫生影响了客户的倾听效果，不整洁的衣着影响了客户对销售人员专业性的判断，不礼貌地打断对方的谈话，影响了客户对自己购车要求与目标的介绍，不标准的用语影响了产品介绍中客户的理解，以及在与客户洽谈中不时地接听电话等。凡此种种行为，都严重损害了销售人员的专业形象。所以，很多原本对汽车产品非常有兴趣的客户，在经过一个简短的沟通后却不辞而别，也没有留下任何的理由。对此，有些销售人员根本摸不着头脑。这里，要提醒销售人员的是，如果遇到客户突然改变决定，就要回顾一下刚才的销售过程哪里出了问题，尤其要审视一下礼仪与规范方面的问题。

汽车销售之所以发生障碍，成交效率之所以低下，还有一个很重要的原因，就是汽车销售人员没有掌握汽车销售的专业技巧。他们不知道如何拜访客户，不知道如何进行电话跟踪，不知道应该如何进行产品介绍和展示，不知道什么时候应该向客户提出成交要求，客户的哪些变化预示销售即将接近成功或已经功亏于溃，不知道如何有效处理客户的异议，更不知道如何处理客户的投诉等。这些内容，都是一个汽车销售人员必须学习和熟练掌握的。

### ⑤ 有效管理和利用时间

汽车销售工作是一个随机性很强的工作，特别是展厅销售，没有办法预测今天会接待几个客户，达成几笔交易。正是这样的特点，很多销售人员对自己每天的时间就缺乏一个有效的安排，接待客户花多少时间，拜访客户花多长时间，电话联系与追踪花又要多少时间。如果仔细研究他们的时间利用情况，会发现每天特别忙碌，但工作效率不高。

销售人员的时间管理对于他们的成长和专业化能力的提升来讲，是一个至关重要的问题。同样的时间，不同的销售人员做出了大相径庭的业绩，这就是在时间管理上的巨大差异。总的来说，不论销售人员的时间安排如何，以下几个方面不可或缺。

#### ●每天下班前当天工作的小结

今天接待（或拜访）了多少位客户，他们的相关特征是什么，购买的倾向性如何，他们为什么要买汽车，购买的标准和条件为何，投资额在什么范围内，最需要解决的问题是什么，阻碍他们下决心的原因是什么，最终做决策的人是谁。

#### ●明天的工作安排

明天有哪些工作要做，重点是什么，应该占用多少时间，哪些事情应该先做，哪些事情后做，明天要与哪些部门协调，准备解决哪些问题。

#### ●每天的学习安排

应该学习那些汽车专业方面的知识，安排在什么时间，安排多少时间。

前国家足球队总教练米卢说：心态决定一切！世界上没有卑微的工作，只有卑微的工作态度。作为一个销售人员，只有用谦卑的心态、积极的工作态度去面对每一天的工作，才能创造出不凡的业绩。

## ★【看一看】

## 汽车销售人员的销售技巧

### ① 如何识别潜在客户

识别潜在客户可以有许多线索来源，如现有客户、供应商、产业协会、工商名录、电话簿、报刊杂志等。

### ② 如何准备访问

在识别出潜在客户后，就要确定访问的目标客户，尽可能多地收集目标客户的情况，并有针对性地拟定访问时间、访问方法和销售战略。

### ③ 如何接近客户

销售人员应该准备好初次与客户交往时的问候，以自己良好的行为举止促使双方关系有一个良好的开端。

### ④ 如何展示与介绍产品

销售人员应知道如何才能引起客户注意、使客户产生兴趣、激发客户欲望，最后使之付诸购买行动。

### ⑤ 如何应付反对意见

销售人员在向客户介绍和推销产品时，客户一般会产生抵触心理，并提出反对的看法。这时销售人员就需要相应的技巧，引导客户的情绪，使他们放弃反对意见，接受自己的建议和观点。

### ⑥ 如何帮助客户投资

汽车消费中，有相当一部分是家庭消费投资。对于这类客户，他们手中的资金有限，如何有效利用有限的资金达成更高的购买目标是他们关注的目标。如果销售人员具备较为专业的投资理财方面的知识，提供一些这方面的技巧，将会在消费者购车的过程中帮助他们选择到适合自己的车型、购车的投资、付款的方式，协助客户以最有效的投资组合方式获得多方面的投资效益。

### ⑦ 如何达成交易

销售人员需要掌握如何判断和把握交易时机的技巧，他们必须懂得如何从客户的语言、动作、评论和提出的问题中发现可以达成交易的信号。

### ⑧ 如何展开后续工作

交易达成后，销售人员就需要着手认真履行合同，保证按时、按质、按量交货，并就产品的安装、使用、保养、维修等做好指导和服务。这些后续工作是使客户满意，实现重复购买的必要条件，销售人员必须充分重视，以积极的态度、不折不扣的精神去完成。客户一旦对产品发生了兴趣，双方就要着手就价格、信用、交货时间等条件进行谈判。交易能否最后达成，谈判技巧很重要，这里包括何时开始谈判、明确谈判战略和战术等。

# [ 任务二　汽车销售人员的职业素质 ]

　　随着市场的逐渐成熟，客户获得的有关汽车消费知识的逐渐增加，仅仅依赖简单的能说会道、滔滔不绝、口若悬河的方式来销售汽车将远远不能如早期一样迅速地获得客户的信任了，当然，对于汽车这种产品，失去了客户的信任，销售自然也无法完成了。

　　一个合格的汽车销售人员应该具备什么技能以及什么素质呢？任何一个人是否都有可能成为优秀的汽车销售人员呢？

## 一、任务分析

　　身为一名汽车销售人员，不但应具有汽车专业理论知识，熟悉汽车构造，熟悉汽车销售的业务流程，熟悉各车型的报价组成，了解相应的政策、法规、制度，还要了解客户的心理，善于与客户沟通，并熟悉一条龙服务的规则，为客户提供优质的服务。

## 二、相关知识

### 1. 汽车销售人员的基本素质

　　越来越多的人从事汽车销售行业，与此相适应，对汽车销售人员的专业水准要求也越来越高。那么，一个合格的汽车销售人员究竟需要具备哪些基本素质？这是每一个汽车销售人员都应该认真考虑的问题。

#### （1）自信

　　加入销售工作行列，汽车销售人员首先应该具备的就是自信。只有相信销售能带给别人好处，才能在销售时积极热忱，勤奋工作，才能关心客户，诚恳待人，最终赢得客户，赢得销售。

　　美国作家爱默生曾说过："自信是成功的第一秘诀。"自信是对自我能力和自我价值的一种肯定，自信是一个人在进行事业发展时的精神支柱，自信是一个人战胜困难的武器，成功来源于自信，自信不仅对自己起着积极作用，而且对周边的朋友有时也能起到相对的感染力。古往今来的成功人士都具有一个共同的特点，即自信。自信激励他们走向了成功。自信是建立在正确认识自己的基础上的，它促使人们从情感、意识、行为方面接纳自己，自信可以帮助我们发现自己的长处，从而产生一种积极进取的成就动机，激励自己去发挥特长，以达到自我实现的目标。同时也能不断地发现和缩小自己的短处，使自己趋向完美。在销售的时候我们要相信自己，从而把这一份自信传染给客户，让客户去相信你所卖的产品能给他带来相应的价值，从而对你的产品进行购买。通过拥有一定的自信让自己实现成功。

## （2）学习精神

销售代表要和形形色色、各种层次的人打交道，不同的人所关注的话题和内容是不一样的，只有具备广博的知识，才能与对方有共同话题，才能谈得投机。因此，要涉猎各种书籍，无论天文地理、文学艺术，还是新闻、体育内容等，只要有空闲，就要不断学习。

全球中要说什么东西日益发展、更新得最快，无非是电子产品，随着社会科技的进步，一代产品的衰退，新一代产品的崛起，让世人都感叹如今科技发展的速度，现在汽车发展的更新速度已不亚于电子产品，现在汽车早已不是以前的四个轮子能跑就可以了，现在的购买者也不是一味去突出自己有车去炫耀了。随着现在汽车竞争压力的增大，汽车公司都着力去开发高新技术和高端产品，从而进一步去满足大众的考虑安全性能和舒适性的心理。如果我们去学习新的知识，了解最先进的汽车，懂得最先进的汽车知识，这无疑给我们在胜任销售工作中填加一个大的筹码。在与客户交流中才能真正去解决客户所要解决的问题，给出客户需要了解的答案。

## （3）团队意识

团结就是力量，这是从小到大听得最多的词之一，虽然每个人都知道团结的意思，但是真正地去做到这一点却非常得难，尤其是在这样一个竞争压力大的社会中，每个人都为了利益去独自发展，在汽车销售行业中，没有团队等于缺少了一个核心观念。在销售行业中更加要通过团结去展现自我，单干只会让其他销售人员更加排挤你，壮大要靠销售人员和管理人员共同去协作完成，4S店是一个团体，需要有团结精神，团体有了真正的团结精神这个公司才能去发展壮大。

对于单个销售人员来说，团队意识首先要求他们具有责任感。销售人员的一举一动，都代表着公司，代表着整个团队，如果销售人员没有责任感，就无法赢得客户，不但影响汽车销量，也会影响公司的整体形象。

曾有一个笑话，说有一家三口住进了新房，妻子见丈夫和儿子不太讲究卫生，就在家里写了一条标语：讲究卫生，人人有责。儿子放学回家后，见了标语，拿笔把标语改成"讲究卫生，大人有责"。第二天，丈夫看见，也拿出笔，把标语改成"讲究卫生，夫人有责"。这虽然是一个笑话，但却说明了一个问题：责任是不能推卸的，只有负起责任，才能够解决问题。作为一个销售人员，责任心就是信誉，就是团队意识，它决定了销售人员的业绩和公司的前景。

## （4）交流沟通的态度

交流、沟通是一个非常好的学习方法，在交流、沟通中所听、所学到的东西，往往是记得最牢固的。在社会中我们要以真诚、放松的心情和微笑去交流、沟通。真诚，只有当你怀着一颗真诚的心去对待别人的时候，别人才会同样用真诚的心同你交流、微笑，这是最有利的武器，适时的微笑可以展现你的真诚，展现你的友好，这是拉近关系最好的方式，在4S店的交流、沟通能力是每一个销售顾问所要具备的，和客户交流、沟通才能真正知道客户的所想、所需，从而进行客户的需求分析，然后用合适的销售技巧去打消客户的顾虑，成功地完成这次交易，与同事交流、沟通，虚心去请教，才能了解自己还未了解的东西，才能得到别人指点，知道自己现在身上的缺点是什么。通过交流、沟通，听取他人的销售方面的经验和知识。与上层领导的交流、沟通能得到其指导，从而能得到更好的发展，更能得到其赏识，从而得到更多发展和体现自己价值的机会。

## （5）良好的心理素质

心理素质渗透在人们各种生活中，影响人们的行为和生活质量。只有具有良好的心理素质，才能够面对挫折不气馁、不服输。每一个客户都有不同的背景，也有不同的性格、处世方法，自己受到打击要能够保持平静的心态，要多分析客户，不断调整自己的心态，改进工作方法，使自己能够面对一切责难。只有这样，才能够克服困难。同时，也不能因一时的顺利而得意忘形，须知"乐极生悲"，只有这样，才能够胜不骄，败不馁。作为一名汽车销售顾问应该具有良好的心理素质和开朗的性格，一名合格、具备良好心理素质的销售顾问应该不骄不躁，对待每一个客户都要热情，在接待客户时不要把脾气带出来，要及时转变，调整自己的心情。不要因为自己的一点小情绪让客户感到不满，从而使自己在客户心中的形象下降。

## （6）坚持忍耐的韧性

销售工作实际上很辛苦，这就要求汽车销售人员要具有坚持忍耐、不怕吃苦、坚持不懈的韧性。销售工作的一半是用脚跑出来的，要不断地去拜访客户，去协调客户，甚至跟踪消费者提供服务，销售工作绝不是一帆风顺的，会遇到很多困难，但要有解决的耐心，要有百折不挠的精神。

古罗马的奥维德曾说过：忍耐和坚持是痛苦的，但它会逐渐给你带来好处。每个人都渴望成功，为成功而拼搏，就像去往一个遥远圣地，道路虽然是崎岖而漫长的，在风雨中我们能够忍耐风吹雨淋，坚持到最后我们看到的就是雨后空中迷人的彩虹；在跋涉的山路中我们用忍耐代替放弃，坚持后等待我们的将是那站在山顶上"一览众山小"的壮阔之景。它能让我们会心一笑，它能让我们攀上事业的高峰．在汽车销售的事业中，销售往往都不是一帆风顺的，在面对客户的刁难的时候或者受到挫折的时候不要轻易说放弃，人只有越挫越勇，不怕失败，才会更加成熟，坚持向前才能得到真正自己所想要的地位、荣誉，达到自己梦寐以求的看起来不可及的高峰。在汽车销售行业我们要的就是坚持和忍耐，因为汽车销售需要坚持，一步步去接近自己心中的圣地。

美国明星史泰龙在没有成名前，为了能够演电影，在好莱坞各个电影公司一家一家地去推荐自己，在他碰了一千五百次壁之后，终于有一家电影公司愿意用他。从此，他走上影坛，靠自己坚韧不拔的性格，演绎了众多的硬汉形象，成为了好莱坞最著名的影星之一。

试问，汽车销售人员所遇到的困难，难道比史泰龙遇到的一千五百次拒绝还要多吗？没有。所以，保持坚持忍耐的精神，前路就不会一直黑暗。

## （7）交际能力

每一个人都有长处，不一定要求每一个销售人员都八面玲珑、能说会道，但一定要多和别人交流，培养自己的交际能力，尽可能地多交朋友，这样就多了机会，要知道，朋友多了路才好走。另外，朋友也是资源，要知道，拥有资源不会成功，善用资源才会成功。

在较多销售人员的眼中，汽车消费是一次性的消费行为，认为"这个客户以后再也不可能来这里买车了"，如果大家都这么想就错了。汽车产品的消费周期较长，但这更是一个与客户建立良好关系的大好机会。虽然一个客户在购车以后的几年内可能不会再买车，但并不代表这些客户身边的朋友、亲戚、同事等与他相关联的人群不会购买汽车。同时，只要他们当初满意销售人员的专业和服务，当该客户在今后更换新的汽车产品时也会再度与当初的销售人员联系。因此，应把这些客户资源作为一个重点关注对象来对待。如果能够与客户从陌生开始，建立一个广泛的联系，成为一个好朋友，并透过他们不断扩展人际关系的范围，客户群就会不断地扩大，就会带来无穷无尽的销售资源。因此，对于每一个客户，不论是匆匆看客还是真正买家，销售人员要在他们的心目中建立一种好感、建立一种良好的关系，烙下一个深深的印记。

## （8）沟通与谈判能力

汽车销售最重要的工作就是与客户进行沟通，销售人员沟通能力的高低成为了直接影响销售结果的重要因素，在同样的时间内、对于同样的客户，最终能否与客户达成一致，能否先于别的竞争对手让客户满意，这些都是对销售人员沟通能力的考验。这里，强调的是销售人员"有效"的沟通能力，所谓"有效"，就是销售人员必须能够更加准确地把握客户的购买需求，让他们对销售人员和汽车产品产生认同，最终影响他们的购买决策行为和方向。

汽车销售人员无时无刻不在谈判，谈判的过程就是一个说服的过程，就是寻找双方最佳利益结合点的过程。在谈判之前，要搞清楚对方的情况，所谓知己知彼，了解对方越多，对自己越有利，掌握主动的机会就越多。

孙子曰，知己知彼，百战不殆。谈判力的表现不是说话如何滔滔不绝，而是能够抓住要点，满足客户的需求。在双方都有异议时，就看销售人员平时掌握了客户多少信息，掌握的信息越多，销售人员就越有主动权。谈判的目的是达到双赢，达到互惠互利。

因为每天面对的客户不同，要用不同的方式去谈判，所以一个销售人员要养成勤于思考、勤于总结的习惯，以便与客户达成最满意的交易，这才是谈判的目的。

## （9）察言观色的敏锐能力

京剧《沙家浜》中的阿庆嫂之所以能够在日本兵和国民党军队面前游刃有余，其中一个最重要的本领就是察颜观色。现在不是战争年代，销售人员察颜观色也不是为了对付敌人，而是要在汽车销售中能够及时把握客户细微的变化，何时应该对产品做大力的推荐，何时应该学会闭嘴，何时提出成交的要求。为了正确认识这个问题，销售人员可以仔细观察一下婴儿的行为。婴儿不具备说话的能力，但却有极强的察颜观色的能力，大人的行为变化及心理活动的变化均会在婴儿的脸上得到充分的体现。这不是一种感应能力，而是人的一种先天的本领。只是随着年龄的增长，人们慢慢地形成了以我为中心的思维模式，很少顾及和关注别人心理感受的变化，此时人们的这种观察能力逐渐褪化，面对很多细微的变化无动于衷、反应迟钝。这样的情况如果发生在汽车销售人员身上，就会让客户感到很不快，觉得不受重视，没有人关注他的需求，关注他的心理感受。因而，必须通过训练让销售人员可以根据肢体和眼神细微的变化洞察客户的心理变化特征和趋向，最终达成自己的销售目标。

### （10）善于处理客户异议

俗语说得好："嫌货才是买货人"。汽车销售中，没有一个成功的销售是在客户没有任何异议的情况下完成的，销售人员如果不具备"有效处理客户异议"的能力，就不是一个合格和专业的销售人员。客户提出异议，首先表明他们已经对销售人员建立了一种初步的信任，如果客户不打算购买销售人员推荐的汽车产品，不接受销售人员提供的服务，就不可能浪费精力。此时，处理客户异议的态度与方法正确与否，处理得恰当与否，就成为了衡量销售人员是否专业的一个重要标准。

这里，需要建立的一个正确观念，就是如果客户提出了异议，销售人员应该恭喜自己："终于遇到真正的买家了"。接下来要做的工作就是按照正确的方法有效处理他们的异议，一旦客户认同了销售人员的解决方案，销售就成功了80%，剩下就是成交和售后服务方面的问题。如果销售人员遇到一位说这部汽车如何如何好的客户，千万要注意，这样的客户并非真正的买家，只是一个看热闹的闲人，他们目前根本没有购买的意愿。此时，销售人员只要做到有问必答、热情接待就好了。

## 2. 优秀的汽车销售人员应具备的素质

汽车产品是一个复杂而特别的商品，由于结构复杂、技术含量高，因而汽车产品的销售成为了一个专业性极强的工作，其特点是销售周期长、销售难度大、客户要求高，并非每一个销售人员都能够胜任此项工作。要成为一个汽车行业的专业销售人员，特别是一名优秀的汽车销售人员，应该具备一些专业能力。

### （1）比老板更了解自己的公司

客户确定了品牌和车型之后，同时更会关注将要合作的公司的具体情况，例如，这家公司是什么样的，实力如何，是不是值得他们依赖，会存活多长时间，未来会得到哪些保障等问题。对于这些问题的判断，客户除了直接询问以外，还会根据外部调查的情况进行佐证。通常情况，客户会通过和销售人员的接触和交谈了解公司。因此，销售人员对自己所在企业的了解和好感会直接影响到客户的决策。

此时，如果汽车销售人员对公司的成长历史、现在所取得的成就、未来的发展远景、公司的文化等方面有清晰的认识，会更容易赢得客户的信赖。通过对企业发展前景的描绘增强客户的购买信心，同时，通过对公司热爱、对公司老板敬佩等真实情感的表露，让客户感觉到这是一家说到做到、有良好企业文化和发展前景的企业，促使他们尽快做出购买决定。

## （2）比竞争对手更了解竞争对手

知己知彼，方能百战不殆，这既是孙子兵法阐述的兵家制胜原则，也是商战中必须把握的准则。通常，应从以下几个方面了解竞争对手的情况。

### ① 品牌优势

其包括品牌历史、品牌知名度和影响力、品牌给予客户的附加价值等。

### ② 产品优势

产品的技术特点、性能水平、重要差别、同类产品销售情况、相对的优缺点等。

### ③ 销售商

竞争对手的企业情况、人员情况、企业文化、客户的评价等。

### ④ 特殊销售政策

一般情况下，客户在选购汽车产品的时候，会要求销售人员对同类产品进行比较，此时如果销售人员不清楚竞争产品与竞争商家的情况，很难向客户阐明自己的销售主张、影响他们决策。当客户要求对竞争对手进行评价时，销售人员切忌提出负面的评价，这是专业销售基本的常识，但也不能对竞争产品倍加赞赏。从消费的心理看，如果销售人员按照客户的要求说明竞争对手的劣势时，客户会从心理上拉大与销售人员的距离，不利于打消客户的疑议。特别是当销售人员对客户已经认同的竞争对手、竞争产品进行评价时，所起到的负面作用更加明显，因而，销售中的一大禁区就是销售人员绝对不要去说竞争对手的坏话，必须运用化解客户异议的技巧有效地处理这方面的问题。

## （3）比客户更了解客户

如果销售人员问客户："您了解自己的需求吗？"客户一定会告诉你："废话，这还要问吗，当然是我最了解自己。"事实则不然，在实际的汽车销售中发现，有相当一部分客户，特别是对汽车产品极不专业的客户，当你问他需要选购什么样的汽车产品时，他会提出一些不相关甚至是不切实际的要求。的确，客户从萌发购车的欲望到最终完成购买，会经历一个相对漫长的过程，会有"初期的羡慕"、"心动"、"想要"到"需要"这样一个需求变化的过程，在前三个阶段中，他们只是一种想法而已，并不可能落实到行动上。此时，销售人员要做的工作就是如何让这个过程缩短、加速客户购买心理的变化，抢在竞争对手之前让客户的需求与欲望明确化，最终达到销售的目标。要实现这种变化，销售人员需要掌握能够透视客户心理、找到客户需求的方法。最终要做到的是：销售人员要比客户对他自己的了解还要深入、还要准确。

★【看一看】

### 充分了解客户的行业

行业知识指的是销售人员对客户所在的行业在使用汽车上的了解。例如，面对的潜在客户是一个礼品制造商，而且经常需要用车带着样品给他的客户展示，那么，他对汽车的要求将集中在储藏空间、驾驶时的平顺等。客户来自各行各业，如何做到对这个不同行业用车的了解呢？其实，这个技能基于你对要销售的汽车的了解。比如，客户属于服装制造业，那么也许会用到汽车空间中可以悬挂西服而不会导致皱褶的功能。许多销售人员对客户用车习惯的注意及了解都是从注意观察开始的。

行业知识不仅表现在对客户所在行业用车的了解上，还表现在对客户所在行业的关注上。当你了解到客户是从事教育行业的时候，你也许可以好奇地问："听说，现在的孩子越来越不好教育了吧？"其实不过是一句问话，对客户来说，这是一种获得认同的好方法。当客户开始介绍他的行业特点的时候，你已经赢得了客户的好感，仅仅是好感，已经大大缩短了人与人之间的距离。汽车销售中这样的例子非常多，但并不是容易掌握的，关键是要学会培养自己的好奇心，当你有了对客户行业的好奇心之后，关切地提出你的问题就是你销售技能的一种表现了。

### （4）比汽车设计师了解汽车

汽车销售最大的难点是每位销售人员必须对自己所销售的汽车产品有一个全面、深入的了解，对竞争品牌的产品有深入的认识，非常熟悉汽车相关的专业知识。

大家知道，现在国内已经上市的汽车品牌已经上百个，加上每个品牌下的不同规格和型号，销售人员要面对的汽车产品不胜枚举。这样，对于任何一个销售人员，花在产品认识上的时间与精力就比做其他的产品销售要多得多。如果对自己的销售工作没有一个正确的认识，是不可能花大量的时间去进行这方面的研究的，也就会一知半解。

从客户的决策过程看，他们在决定购买前，一定会要求所接触的销售人员对他们提出的相关汽车专业方面的问题给予一个满意的答复，如果有一点他们不认可，就会让整个的销售工作前功尽弃。所以，丰富的产品专业知识是汽车销售最核心的问题。

要成为一个专业的、高效率的汽车销售员，应注意掌握以下方面的知识。

①品牌创建历史：特别是知名品牌的成长历史。

②汽车新名词：如ABS、EBD、EDS、GPS、全铝车身、蓝牙技术等，对一些追新的客户，应该在新技术的诠释上超过竞争对手。

③世界汽车工业大事记：对一些影响汽车工业发展的跨时代的事件要知道其来龙去脉。

④世界汽车之最。

⑤汽车贷款常识。

⑥保险常识。

⑦维修保养常识。

⑧驾驶常识。

⑨汽车消费心理方面的专业知识。

⑩其他与汽车专业相关的知识。

只有全面深入地掌握比竞争对手更多的产品专业知识，才有超越竞争对手、赢得销售成功的条件。

### （5）比客户的知识面更广

汽车消费客户是各种各样的，他们的职业经历、职业背景、专业特征各不相同，与他们交流时必须因人而异，必须根据他们的特征有针对性地做出处理。市场营销知识可以帮助销售人员面对复杂的市场情况，企业管理知识利于销售人员与高层次的客户建立认同感，财务知识可以帮助客户提高投资效率、降低购买成本。只是有些销售人员由于对自己的职业目标不清晰，不愿意去拓展自己的知识领域。成功的汽车销售人员最重要的是具备全面的知识，在汽车专业上有自己独到的见解，建立客户信任度，帮助客户建立倾向于自己所销售汽车产品的评价体系与评价标准。

## （6）能够帮助客户投资理财

汽车消费中有相当一部分是家庭消费投资，对于这类客户，他们手中的资金有限，如何有效利用有限的资金达成更高的购买目标是他们关心的共同话题。如果销售人员具备一些投资理财方面的知识，提供一些这方面的技巧，将会在消费者购车的过程中帮助他们选择到适合自己的车型、支付的金额、付款的方式，协助客户以最有效的投资组合方式获得多方面的投资效益。

所有的产品都有其独到的特征，是其他的竞争对手的产品无法比拟的，但是如何用利益的陈述方法让客户印象深刻是关键。在特征、优点以及利益的陈述方法中，只有利益的陈述方法是需要双向沟通来建立的。利益的陈述方法要求陈述出产品的某个特征以及优点是如何满足客户表达出来的需求的。首先需要确认你理解的客户对汽车的需求，然后，有针对性地介绍汽车的各个方面。如果客户有跑长途的需要，那么你不仅要有针对性地介绍发动机的省油特征，还要介绍座位的舒适性、方向盘的高低可控，以及高速路上超车的轻易感觉等。

确保客户采购的汽车可以为客户带来他需要的利益是一种销售技能，也是深入获得客户信任的一个有效方法。从获得客户好感入手，逐步建立客户对你的信任，直到建立一种可靠的关系才是销售的终极目标。

## ★【看一看】

### 什么是汽车销售人员的顾问形象？

顾问形象意味着什么？它意味着销售人员不仅要对客户的行业有所关注和关心，而且还要理解客户的利益，完全从为客户提供建议的角度来介绍汽车。"如果您的驾龄不长，我建议您安装倒车雷达，虽然又需要一笔费用，但是，相比在倒车时由于没有经验导致的刮碰之后的维修费用还是小钱，更何况，崭新的车刮碰了也会很心疼。根据对中国驾车者的研究，只有一年驾龄的司机倒车刮碰的机会高达67%，所以，你看有一个倒车雷达是多么有帮助呀"。再比如："如果您的驾龄时间长一定可以理解四轮驱动对较差路面的通过性能是如何体现的吧。"注意，这里提到的对中国驾车者研究的结果等信息都是在体现销售人员的顾问形象，体现作为销售人员的你对相关知识的了解是如何支持你对客户来提供帮助的，提供信息供参考的作用是作为顾问的一个非常重要的功能。而对于驾驶经验较丰富的司机介绍四轮驱动的作用的时候，表面上是介绍车的性能——四驱，实际上是透露着你对此类司机的了解，也是一种顾问形象的展示。

## ◢ 三、任务实施

（1）汽车销售人员应具备的基本素质有哪些？

（2）如何理解优秀汽车销售人员应具备的素质？

# 项目二　客户接待

客户接待属于汽车销售开发的初始阶段，是我们接近客户并进行销售的第一步。虽说万事开头难，但如果能将客户接待做深做透，一切都很到位，也就意味着销售工作成功了一大半。

## ［ 任务一　展厅接待礼仪 ］

新车陈列于展厅，销售工作自然也从展厅开始，这就涉及展厅接待礼仪。这个环节最重要的是主动与礼貌。当客户来访时，销售人员不但应立刻面带微笑主动上前问好，礼节性地与客户握手致意，还要及时地简单自我介绍，询问客户需要什么帮助，态度热情诚恳。

### ◐ 一、任务分析

传统的销售方式有一个误区，就是以产品为中心，不重视接待礼仪，或者对接待礼仪马虎以待。这种处理方式，往往导致很多销售人员在产品价格等方面花费过多的时间和精力，对于客户反而没有多少关注。而在本任务中，我们要推介的是顾问式的销售。

### ◐ 二、相关知识

#### 1. 仪容、仪表

仪容、仪表，通常指人的外貌和外表，包括人的容貌、姿态、服饰和个人卫生等，是精神气质的外在表现。有研究表明，仪容举止比有声语言更能打动人心。作为一名与客户朝夕相对的汽车销售人员，端庄亲切的仪容、恰当得体的仪表，带给客户的不仅是舒适的观感，更是难得的信赖。

#### （1）化妆礼仪

爱美之心，人皆有之。销售人员掌握化妆礼仪，不仅是个人爱美天性的表现，也是工作礼仪的需要。

##### ① 妆容要求

汽车销售人员的妆容，应注重"和谐自然"，避免浓妆艳抹或过分夸张的修饰。同时，做好面部的清洁和护理，保持口腔清洁，牙缝无异物。

若是女性销售人员，上班期间应以淡妆为主，保持面部清洁，头发梳理简洁有型。若需要发卡、发带等装饰物，色彩宜以蓝、灰、棕、黑为佳，使之朴实无华。总之，在"自然和谐"的前提下，可以根据自身的特点采取适当的方式，以突出优点、修饰不足，达到自然美与修饰美的和谐统一，如图2-1所示。

相比女性销售人员，在汽车营销岗位上工作的男士妆容维护可以简单些，确保面部整洁、头发健康有光泽且长短适中即可。

### ② 化妆品的选用

化妆品种类繁多，功能各异。选择时，要根据自身特点和职场要求，选择适合自己的化妆品。通常，选择化妆品可以从以下几个方面考虑。

#### ●适合自己肤色、肤质的化妆品

肤色、肤质不一样，选用的化妆品也应有所区别。否则，不但达不到修饰美容的效果，甚至适得相反，比如面部护理。若是中性肤质，宜选择普通泡沫洁面乳，洗脸后再用清爽型的化妆水或油分较多的乳液都可；若肤质呈干性，宜选用无泡沫的洁面乳或清洁霜，洗脸后可用乳液或面霜敷面；若肤质呈油性，则宜选用清洁力强的皂剂类或泡沫洁面乳，洗脸后也不可使用含油分的乳液或面霜，可搽些收敛性的化妆水，如图2-2所示。

图2-1　脸部仪容

图2-2　化妆品

#### ●适合自己职场风格的化妆品

汽车销售人员的职场妆容应以淡雅、清爽为原则，所以不应涂有带颜色的指甲油，也不要使用具有浓烈香味的香水。此外，长长的睫毛、颜色鲜艳无比的口红等，都应避免使用。

#### ●选择质量过硬的化妆品

使用化妆品，质量也很关键。否则不但效果不佳，还可能影响身体健康。因此，选择化妆品时，应留意化妆品的质地、气味和色泽等要素，挑选那些质地精细、气味纯正、色泽鲜亮的产品。

### ③ 化妆注意事项

●面部修饰，洁净、卫生、自然即可。

图2-3 着装

● 手指应干净卫生，不可留长指甲。

● 确保头发整洁，美化头发时应慎选发型，以简单优雅为准。

● 化妆应适当，不可过于夸张，如化浓妆，以淡雅为好。

## （2）着装礼仪

衣着反映了个人的审美观、道德观和礼仪水平。在特定的场合，如何着装更代表着一种礼仪和尊重。在宽敞明亮的售车大厅里，汽车销售人员良好的着装礼仪，不仅展示了潇洒干练的个人风采，更表现了敬业、乐业的职业精神，传达了可靠、专业的企业形象，如图2-3所示。

### ① 着装原则

着装得体，是一门学问。若汽车销售人员希望个人着装恰当得体、富有魅力，需要遵循以下原则。

● **整体性原则**

正确的着装，要能与形体、容貌等形成和谐的整体美。构成服饰整体美的要素虽然很多，但考究起来，无外乎人的形体、内在气质和服饰的色彩、款式、质地、工艺以及着装环境等。销售人员的着装，应将这些要素综合起来，考虑整体的协调性，做到和谐统一，体现整体美。

● **个性化原则**

个性是每个人因年龄、身材、性格、爱好、气质、职业等差异，表现出来的有别于他人的特点。销售人员选择服装，一定要因人而异，展示所长、遮掩所短，以表现独特的个性魅力和最佳风貌。

● **整洁原则**

整洁是着装的基本要求。无论什么情况下，汽车销售人员的服饰都应该干净整齐，不沾污迹，尤其衣领和袖口等地方，更要清洁无汗渍。平常要注意检查自己的服装是否平整、扣子是否齐全、有无开线或破洞的地方。

● **TPOR原则**

TPOR即Time（时间）、Place（场合）、Object（对象）、Role（角色）四个英文单词的首字母。TPOR原则是指着装要兼顾时间、场合、对象、角色等因素，做到优雅得体、合乎礼仪。

### ② 着装规范

从汽车销售的特性出发，销售人员的着装应以庄重为主。在搭配上，讲究上下同色并与皮鞋、领带或领结搭配。而饰品应适宜有度，树立亲和稳重的职业形象。

● **男士正装**

男士着装以自然、干净、整洁、得体为宜，不仅展示精神饱满的形象气质，而且表现自己对工作和生活的积极态度、良好修养以及独特品位。

西装是男士主要的职业服饰，汽车销售人员尤其如此。通常，销售人员的西装应熨烫平整、线条挺直，颜色以青色、深蓝和灰色为主。若是双排扣西装，应将纽扣全部扣好；若是单排双扣，扣上面一粒或全部不扣；若是单排三扣，可以扣上面两粒，也可以扣中间一粒，或全部不扣。此外，穿着西装前，要拆除衣袖上的商标，以免给人留下肤浅的印象。男士西裤应平整，裤线清晰笔直。裤脚的长度，向前确保盖住鞋面中央，向后抵达鞋跟中央。穿着时，西裤口袋里不要置放物品，手也不宜插在裤袋内。

## ★【看一看】

男士正装搭配的"三三制"：三色原则，全身颜色不超过三种，即蓝、灰、黑；三一定律，鞋子、腰带、公文包和谐统一；三不搭配，正装皮鞋不配白袜，夹克不打领带，西服不带商标。

衬衫是职业男性的必备品。选择正装衬衫时，主要以高织精纺的纯棉、纯毛制品为主，不宜选择条绒布、真丝等做成的衬衫。正装衬衫应为长袖，且色彩必须单一，以没有任何图案为佳。汽车销售人员在穿西装的时候，衬衫袖子的长短应适度，要稍长于西装衣袖0.5～1cm。衬衫的所有纽扣，无论是衣扣、领扣还是袖口，都要一一扣好。此外，不论是否穿外衣，衬衫的领子要挺括，不能有污垢、油渍，衬衫下摆必须放在裤腰里，不宜皱皱巴巴、扭曲错位。

领带是男士正装不可或缺的点缀，能够体现西装的质感和立体感，可以说是西装的灵魂。选择领带，一定要注意与西装、衬衫协调搭配。若选择与外衣同色系的领带，颜色要比外衣更鲜明；若按照对比色搭配领带，则领带的颜色纯度应降低。至于领带的纹理，单色、条纹、圆点、细格等都是可选择的常规图案。

## ★【看一看】

## 领带的打法

打领带的技巧，一是要打得端正、挺括，二是收紧领结时，有意地在领结下压出一条沟，三是领带结的大小要与衬衫领子相适应。以下介绍几种常用的领带打法。

### ① 平结

平结简单易学，几乎适用于各种材质的领带。

具体打法：将领带的大领放在身体的右边，并置大领于小领之上。大领由左向右绕小领一圈，然后经圆环由内向外翻出，如图2-4所示。

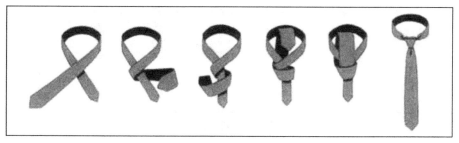

图2-4 平结

### ② 双环结

双环结类似于平结，但有两个结，即两圈，它适合年轻的上班族。

具体打法：在平结的打法基础上，再绕一圈即可。注意第一圈应稍微露出于第二圈之外，别刻意给盖住了，如图2-5所示。

图2-5　双环结

### ③ 交叉结

交叉结适合单色素雅且质料较薄的领带，它的特点在于打出的结有一道分割线。

具体打法：将小领置于大领上，并环绕大领一圈半。然后由右侧向上穿过圆环，经左下侧绕行至左前方。将小领从领结中穿过，一手轻拉小领前端，一手移动领带结即可。其实，按上述步骤打完，领带是背面朝前的。如须佩戴，只须取下领带翻个面就可以了，如图2-6所示。

图2-6　交叉结

### ④ 双交叉结

双交叉结多运用在素色且丝质领带上，很容易体现男士高雅的气质，适合正式活动场合选用。

具体打法：将大领置于小领上，绕至右侧后向上绕环一圈。再由后向前横绕两圈形成双环领结，然后大领从第一圈与第二圈之间穿出，适当调整即可，如图2-7所示。

图2-7　双交叉结

### ⑤ 温莎结

温莎结因温莎公爵而得名，是最正统的领带打法。

具体打法：将大领放在身体右侧，并置于小领之上。大领经小领之下穿过圆环绕小领一圈，然后大领翻到小领下方，由左下侧向前再向上穿过圆环，到达领带右下侧。继续向前绕圈，大领经左下由后部穿出圆环，穿过最前方的绕圈，束紧领带结即可，如图2-8所示。

图2-8　温莎结

男士正装离不开皮鞋。汽车销售人员的皮鞋以深色为好，如黑色、棕色或灰色等。皮鞋的式样应简单规整，鞋面光滑亮泽。搭配袜子时，应选用深色、质地好的袜子，如黑色、棕色或深蓝色等。袜子的颜色最好比鞋深些，不要穿半透明的尼龙或涤纶丝袜，尤其不要穿白袜子。

● **女士正装**

相比男士，女士着装更为讲究，尤其作为汽车销售人员，必须利用良好的装束表现整洁和高雅，满足客户视觉和心理上的要求，以显示自己的职业和身份。

在汽车销售卖场如4S店展厅，女士正装以西服套裙和套装为主。职业套装必须是长袖，颜色以黑色、灰色、米色等为佳。套裙的长度则应该与膝盖平齐，颜色最好是黑色、藏青色、灰褐色或灰色。若套裙搭配衬衫，就再合适不过了。

女士正装的要求，总结起来，一般应做到：

（1）整齐。服装必须合身，衣领、胸围要松紧适度，裙长过膝盖，内衣不能外露。此外，不挽袖、不卷裤、不掉扣，领结、丝带等与衬衫领口完美吻合。若有工号牌或标志牌，应佩戴在左胸正上方。

（2）清洁。衣裤无污垢、无油渍、无异味，领口与袖口处，尤其要保持干净。

（3）挺括。着装前要烫平，着装后要挂好，做到上衣平整、裤线笔直，衣裤不起皱。

（4）大方。衣着款式简练、优雅，线条自然流畅。若套装配衬衫，衬衫应剪裁简洁，不带花边或褶皱，色彩与套装和谐统一。若是裙装，衬裙应为白色或肉色，内衣轮廓最好不要显露于外。与套裙相配，长筒袜是标准选择，但不能用健美裤、羊毛裤当长筒袜来穿。

★【看一看】

## 女性饰品的佩戴

### ① 丝巾

汽车销售人员佩戴丝巾的形式，主要是三角结。通常将丝巾对折，在一个角先打一个结，然后将另一个角插进去并拉紧，三角结就做好了。再将九十度角放在颈前，剩余两个角置于衬衫衣领内。

### ② 项链

项链要与脸型相配，才能相得益彰。若脸部清瘦却颈部细长，可以佩戴单串短项链，补瘦抑长。若脸圆却颈短，最好佩戴细长的项链，显瘦加长。

### ③ 耳环

若身材不高，可佩戴蝴蝶形、椭圆形、心形等耳环，显得娇小可爱。若脸型方正，可佩戴圆形或卷曲线条吊式耳环，以缓和脸部棱角。若脸型很圆，可佩戴"之"字形或叶片型的垂吊式耳环，营造视觉上的修长感，显得秀气。此外，戴眼镜的女性佩戴贴耳式耳环显得文雅漂亮，肤色较白的女性佩戴颜色鲜艳的耳环显得有活力，肤色较黄的女性佩戴银色的耳环显得肤色淡些等。

#### ④ 戒指

佩戴戒指，应与指形相配。若手指较短，宜选用镶有单粒宝石的戒指，指环不要过宽，确保手指看起来更为修长。若手指纤细，宜佩戴宽阔的戒指，会使手指显得更加纤细圆润。

#### ⑤ 胸针、手帕

胸针、手帕也可作为饰品使用，它们与衣服搭配，既有对比美，又有协调美，使女性显得更有气质。

## 2. 肢体语言

肢体语言包括了人的表情、手势、动作、举止等，日常生活中的举手投足、一颦一笑，这些体态可以说都是肢体语言的表现。达·芬奇曾说过："用优美的体态表达礼仪，比用语言更让受礼者感到真实、美好和生动。"汽车销售人员恰当得体的肢体语言，既反映了个人特有的仪态风度，也体现了企业的形象和对顾客的尊重。

### （1）表情

表情是指人的面部情态，是人的思想感情和内在情绪的外露。表情作为人体语言中最为丰富的部分，是仅次于语言的一种交际方式。汽车销售人员在工作过程中，应该重视运用表情礼仪。热情友好、诚实和蔼的表情，能够传达亲切、友好的情绪，提高客户的好感和信任，让整个销售过程变得更加愉快。

#### ① 微笑

在商务活动中，动人的表情吸引着幸运和财富，比如微笑。有人说，不会笑就别开店，更有甚者，说自己的笑容价值百万美金。或许有些夸张，但对汽车销售人员来说，微笑可以向客户展现自己的友善、谦恭，营造信任、理解的氛围，更利于促成销售工作。

● 微笑的基本做法

肌肉放松，嘴角微微向上翘起，让嘴唇略呈弧形。在不牵动鼻子、不发出笑声、不露出牙齿的前提下，轻轻一笑。笑的时候，一定要诚心诚意、精神饱满、亲切甜美。

● 微笑的注意事项

笑容是美好的，也富有吸引力。但即便是笑，也得注意方式方法。就微笑而言，需要注意：

（1）不要缺乏诚意，强装笑脸；

（2）不要露出笑容却随即收起；

（3）不要受情绪支配而笑；

（4）不要将微笑只留给少数人，而要兼顾众人。

#### ② 眼神

眼睛是面部表情的核心，是人体传递信息最有效的器官。从一个人的眼神里，可以看到喜、怒、哀、乐，甚至整个内心世界。对汽车销售人员来说，通过客户的眼神变化，掌握不同目光所传递的信息，更利于沟通。

●眼神运用的原则

注意视线接触的区域：注视对方时，最好不要聚焦于一处，而应"散点柔光"，目光柔和地注视客户的整个脸部区域。

注意视线接触的时间：视线接触的时间不可过长，以免产生"盯"着人看的误解。特别当双方都沉默不语时，要将目光及时移开，避免一时无话而尴尬或不安。

注意视线接触的位置：就目光注视的位置而言，有公务凝视区域、社交凝视区域和亲密凝视区域之分。在正常交流中，汽车销售人员应把握好视线接触区域的不同，达到交流目的的同时也能避免误解，如图2-9所示。

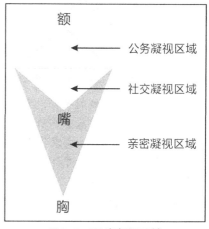

图2-9　目光凝视区域

●眼神运用的注意事项

眼神交流虽然是语言无法替代的，但汽车销售人员要想运用好，需要注意以下事项：

（1）不可以紧盯人看或上下反复打量；

（2）不可以对人挤眉弄眼，做怪动作；

（3）不可以拿白眼、斜眼看人；

（4）交谈过程中，避免左顾右盼。

## （2）手势

手势表现的含义非常丰富，表达的感情自然也微妙复杂，如招手致意、挥手告别、拍手赞同、摆手拒绝、手握是亲、手遮是羞等。手势的含义，或是发出信息，或是表达喜恶，都是日常交际中表情达意的好方式。汽车销售人员对手势不仅应该熟知，还应该善用。在引导客户、介绍商品、签约交车等环节，优雅得体的手势，能有效促进双方沟通、理解，帮助实现汽车销售的目的。

### ① 手势运用的原则

因为职业的关系，汽车销售人员的手势并不能随意而为，而是有着明确的要求和规范。

●简单明了，不矫揉造作

手势应当简单明确，以利于客户理解并接受。手势的形式应服从内容表达、对象场合的需要，切不可为好看而刻意模仿，或过于娇柔造作。

●手势柔和，动作幅度适当

运用手势的时候，动作幅度应适当，运行轨迹要柔和。否则，动作幅度很大显得张扬浮躁，动作幅度过小又显得猥琐暧昧。

●兼顾表情、语言，和谐统一

好的手势，固然能够促进交流，但若不能与表情、语言等和谐统一，效果也会大打折扣，甚至取得相反的效果。如手势虽在表达肯定的意思，但脸上却是冷冰冰的情态，客户自然很难感受到赞赏，反而会觉得受到了侮辱。

## ② 手势运用的类别

手势虽然多种多样，但与具体的工作情形结合起来，汽车销售人员的手势主要运用在以下两个方面。

### ●指引、介绍

用于指引、介绍的手势，主要包括提臂式、斜摆式、直臂式等。提臂式用于介绍产品、提醒注意的场合，要求大臂基本不动，右侧小臂提起做象征性的指引或介绍即可。斜摆式用于指引方位的情景，如请客户入座。要求将右手从身体一侧抬起到腰部，使大小臂成一条斜线，摆向椅子的具体位置。注意手指要伸直并拢，手、手腕和小臂成一条直线，掌心略微倾斜。直臂式也多用于指引方位的情形，要求五指并拢，手掌、胳膊自然伸直，手臂从身体侧面抬起直到肩部位置。

### ●致意、告别

用于致意、介绍的手势，主要是挥手。若客户距离很近，手势的动作应小，五指自然并拢，抬起小臂挥一挥即可；若客户距离很远，可适当加大手势的动作幅度。

## （3）站姿

标准的站姿，要求站如松。从正面看：全身笔直，精神饱满，两眼正视，两肩平齐，两臂自然下垂，两脚跟并拢，两脚尖张开60°，身体重心落于两腿正中；从侧面看：两眼平视，下颌微收，挺胸收腹，腰背挺直，手中贴裤缝，整个身体庄重挺拔。

对汽车销售人员来说，好的站姿不仅对身体有益，更利于表现稳重端庄、优雅成熟的气质，赢得客户的尊重和信赖。

### ① 男性汽车销售人员的站姿要求

男士站姿，应体现出男性的阳刚与稳重。要求挺胸收腹、头正颈直、平视前方，左手握住右手腕，自然放在小腹前，其重心置于两脚之间。通常男士站立时，双脚可呈"V"字形或"Ⅱ"字形。

### ② 女性汽车销售人员的站姿要求

与男士相比，女士站姿应显出女性的端庄与优雅。要求挺胸收腹、目视前方、面带微笑，双脚呈"V"字形或"Y"字形站立，重心放在前脚掌上，右手手指并拢与左手虎口相对而握，自然放手于小腹处。

## （4）坐姿

坐姿即一个人坐的姿态，要求"坐如钟"，更要舒适自然，大方端庄。正确而优雅的坐姿是个人素养和个性的显现，它既能体现一个人的形态美，又能体现行为美。

### ① 坐姿的基本要求

●入座时要稳、轻巧，避免座椅乱响，噪声扰人。若着裙装，应用手背将裙子稍稍拢一下，以防坐出皱纹或使腿部裸露过多。

●坐在椅子上，至少要坐满椅子的2/3，脊背轻靠椅背。同时立腰挺胸，面带笑容，双肩放松平正，双膝并拢，双脚可正放也可侧放。若端坐时间过长感到疲劳时，可以变换一下腿部姿态，向右或向左自然倾倒。

●离座时，起身应轻稳，先站定后离去。不能猛起猛出，或跌跌撞撞。

② 男性汽车销售人员的坐姿要求

● 标准式

标准式必须双目平视，抬头挺胸，保持上身正直，表情自然。双脚可分开与肩同宽，小腿垂直地面，双手自然放在大腿前部两侧。

● 前伸式

前伸式是在标准式坐姿的基础上，将双腿略向前伸，脚尖仍朝向正前方。

● 重叠式

若长时间端坐，可将双腿交叉重叠，但要注意将上面的腿向回收，贴住另一条腿，脚尖向下。

③ 女性汽车销售人员的坐姿要求

女士坐姿，除了以上所说的标准式、前伸式和重叠式外，还有以下几种。

● 标准式

除上身挺直、头部端正外，女士标准式坐姿与男士不同的是，双脚的脚跟、膝盖直至大腿都需要并拢在一起，小腿垂直于地面，双手叠放于左（右）大腿上。

● 前伸式

前伸式是在标准式坐姿的基础上，两小腿向前伸出一脚的距离，脚尖不要翘起。

● 前交叉式

前交叉式是在前伸式坐姿的基础上，双腿并拢，一脚后缩与另一只脚交叉，两踝关节重叠，两脚尖着地。

● 曲直式

大腿靠紧，一脚前伸，另一脚屈回，两脚前脚掌着地，并在一条直线上。

● 后点式

两小腿后屈，脚尖着地，双脚并拢。这是变化的坐姿之一，当不受注意的场合，这种坐姿显得轻松自在。

④ 汽车销售人员坐姿的注意事项

● 坐姿应符合环境要求。如与领导、长辈谈话时，应保持大腿与小腿成直角，臀部与背部成直角，且不能靠背而坐。

● 就座与人交谈时，应注意双腿的动作，不可以不停抖动，甚至脚跟离开地面晃动；也不能随意跷二郎腿或前俯后仰。

● 女士叠腿要慎重，特别是着裙装的销售人员，要注意坐姿规范，以免尴尬。

## （5）走姿

走路是我们日常生活中最平常的身体运动。与完美的坐姿一样，优美的走姿绝对是优雅气质的表现。

① 汽车销售人员走姿的要求

行走时，目视前方，身体挺直，步态自然轻盈，两臂摆动协调，膝关节与脚尖正对前进方向。

对男性销售人员来说，行走时应步伐矫健、稳重、刚毅，正所谓"坐如钟，行如风"，以充分展现出男性特有的阳刚之美。女性销售人员则相反，走姿应表现女性独有的优雅贤淑，行走时两只脚应正对前方或走成一条直线，形成腰部与臀部的摆动而显得优美。女士穿裙装时，步幅宜小；穿长裤时，步幅可大些。

### ② 汽车销售人员走姿的注意事项

- 陪同或引导客户时，注意行走的方位和体位。如走在被陪同人员左前方的二三步处。
- 行走时要警惕不良姿态，如八字步、低头弓背、摇头晃肩、左顾右盼等。
- 行走时，行进速度应平衡均匀，不要忽快忽慢。
- 摆手动作不宜过快，幅度应适当，不可过大或过小。
- 多人同行时，不能横排并走，更不能勾肩搭背。

### （6）蹲姿

蹲姿即蹲下身子，是人处于静态时的一种特殊体位。在日常生活中，人们对掉落地上的物品，常常是弯腰或蹲下将其捡起。而身为汽车销售人员，若也像普通人一样随意弯腰蹲下捡拾物品，则不合适。

### ① 汽车销售人员的蹲姿要求

下蹲时一脚在前，一脚在后，两腿向下蹲。注意两腿靠近，臀部始终向下。通常，男士采取高低式蹲姿，女士采用交叉式蹲姿。

#### ● 高低式蹲姿

下蹲时右脚在前，左脚稍后，两腿靠紧向下蹲。右脚全脚着地，小腿基本垂直于地面，左脚脚跟提起，脚掌着地。左膝低于右膝，左膝内侧靠于右小腿内侧，形成右膝高左膝低的姿态，臀部向下，基本上以左腿支撑身体。

#### ● 交叉式蹲姿

下蹲时右脚在前，左脚在后，右小腿垂直于地面，全脚着地。左膝由后面伸向右侧，左脚跟抬起，脚掌着地。注意两腿靠紧，合力支撑身体。臀部向下，上身稍前倾。若女士着裙装，下蹲前应整理好裙摆。

### ② 蹲姿注意事项

- 下蹲时，应使头、胸、膝关节在一个角度上，使蹲姿优美。
- 蹲姿应自然、得体、大方，不遮遮掩掩。同时，两腿合力支撑身体，避免滑倒。
- 不要突然下蹲，也不要距人过近。下蹲方位要看好，尽量侧对顾客。不要毫无遮掩，以致过多暴露导致尴尬局面。
- 女士无论采用哪种蹲姿，都要将腿靠紧，臀部向下。
- 不要蹲着休息。

### （7）鞠躬

鞠躬，即弯腰行礼，主要表达"弯身行礼、以示恭敬"的意思，是对他人表示敬重的一种礼节。

### ① 鞠躬礼的基本要求

行鞠躬礼时，应取立正姿势，面带微笑注视受礼者。然后以腰部为轴，整个腰及肩部向前倾斜

15°～30°。随着身体向下弯曲，双手逐渐向下，目光也随鞠躬自然下垂，表示一种谦恭的态度。行礼时，可以同时问候"您好"、"早上好"、"欢迎光临"等，也可致谢或致歉。鞠躬礼毕，直起身时，双目还应有礼貌地注视对方，使人感到诚心诚意。

男士在鞠躬时，双手要放在裤线稍前的地方，女士则将双手在身前轻轻搭在一起，左手在下，右手在上。鞠躬时，双手向下垂的程度越大，所表示的敬意就越深。

受礼者，除了长辈、上级、宾客还礼可不鞠躬，而用欠身、点头、微笑致意以示还礼外，其他人应以鞠躬礼相还。

#### ② 鞠躬礼注意事项

● 鞠躬时，切不可撇开两腿，随随便便弯一下腰或只往前探一下脑袋当做行礼。这是一种毫不在乎的表现，是对客户的不尊重。

● 鞠躬时，目光应下垂，不要一直注视客户。鞠躬礼毕后，双眼应礼貌地看着对方，如视线移向别处，即使行了鞠躬礼，也不会让人感觉到真心实意。

● 鞠躬时，嘴里不要吃东西或叼着香烟。

● 鞠躬时，耳和肩要在同一高度，脖子不可伸得太长，不可挺出下颌。

### 3．握手礼仪

握手，是见面双方用手表达问候的一种礼仪。它的起源，甚至可以追溯到原始社会，当时人们用以表示友善、无恶意的行为。时至今日，握手作为一种信息双向交流的方式，成为日常交际场合中运用最多的见面问候礼节。

以汽车为销售对象的汽车销售人员，掌握握手这个基本礼节是必修课。

#### （1）握手的场合

工作中，握手的机会很多。如第一次见面、达成销售协议或离别时，都可以握手，以表示亲近或感谢。

具体而言，当客户抵达时，伸出手来与客户相握，表示自己的诚意，初次见面给人留下好印象。当自己被上司或者同事介绍给客户时，主动与客户握手，显示自己的礼貌，也是尊重他人的表现。当交谈过程中，就某些问题对客户表示理解、支持、鼓励、肯定时握手，这样可以拉近彼此的关系。当对某一问题取得一致看法，客户对我们表示理解、支持时，可以握手以示回应。当达成销售交易时，可以握手表示庆贺。当送别客户时，握手表示感谢等。

#### （2）握手的顺序

在正式场合下，握手有先后次序。一般遵循"尊者优先"的原则，由主人、年长者、身份高者、女士先伸手，客人、年轻者、身分低者待对方伸手后再伸手相握。

对汽车销售人员而言，当客户来到汽车销售展厅时，销售人员就临时充当起主人的角色。与客户见面就须先于对方伸手，表示欢迎。若客户离开展厅，则须客户自己先伸手，然后销售人员伸手回应。

#### （3）握手的方式

握手的标准方式，是行礼时行至距离握手对象约1米处，双腿立正，上身略向前倾，伸出右手，四指并拢，拇指张开与对方相握。握手时应用力适度，上下稍许晃动三四次，随后松开手来，恢复自然的站立姿势。具体来说，握手时应当注意以下问题。

### ① 神态

与人握手时，神态应专注，面含笑意，目视对方双眼，并且出口问候。切勿三心二意，敷衍了事，一定要热情友好、自然大方。若迟迟不握他人早已伸出的手，或一边握手一边东张西望，漫不经心、傲慢冷淡，甚至忙于跟其他人打招呼，都是目中无人的表现，极不应该。

### ② 姿势

向他人行握手礼，只要有可能，就应起身站立，表示礼貌和尊重。握手时，双方应主动向对方靠拢，彼此之间的最佳距离为1米左右。若距离过大，显得像是一方有意讨好或冷落一方。若距离过小，手臂又难以伸直，也不大好看。最好的做法，是双方将要相握的手各向侧下方伸出，伸直相握后形成一个直角。

### ③ 手位

在握手时，手的位置至关重要。常见的手位有两种，即单手相握和双手相握。

**●单手相握**

用右手与人相握，是最常用的握手方式。若单手与人相握时，手掌垂直于地面，这是平等式握手，表示自己不卑不亢。若与人握手时掌心向上，这是友善式握手，表示自己谦恭、谨慎。若与人握手时掌心向下，这是控制式握手，表示自己感觉甚佳，自高自大。

**●双手相握**

双手相握，即用右手握住对方右手后，再以左手握住对方右手的手背。这种方式，适用于亲朋故旧之间，可用以表达自己的深厚情义。一般而言，此种方式的握手不适用于初识者与异性，因为它有可能被理解为讨好或失态。除非是至交好友，否则最好不要滥用。

### ④ 力度

握手之时，为了向交往对象表示热情友好，应当稍许用力。若与客户较为熟络，所用力量可以稍微大些；若与异性或初次相识者握手，则千万不可用力过猛。

在与人握手时，不可以毫不用力，使对方感到缺乏热忱与朝气。也不宜矫枉过正，要是在握手时拼命用力，难免有示威、挑衅之嫌。

### ⑤ 时间

在普通情况下，与他人握手的时间不宜过短或过长。大体来讲，握手的全部时间应控制在3秒以内，上下晃动两三下即可。

## （4）握手的注意事项

### ① 手不能太脏

不管在什么情况下，和客户握手之前要检查一下自己的手。如果脏的话就千万不要与客户握手了，因为这是很不礼貌的行为。若是客户要求握手致意，则一定要与客户说清楚，表示歉意，以免造成不必要的误会。

### ② 手不能太冰

如果自己要和客户握手表示礼貌的话，先得将自己的手捂暖再说，否则也是不礼貌的行为，容易受到别人的反感。特别是在冬天，天气本来就冷，握着对方的冰手，无异于雪上加霜了。

### ③ 手不能半掩

有些人握手时，习惯于手不张开半掩着。其实这个也是不礼貌的行为。要么就不握，握手就一定要张开整个手，才显得尊重、大气。

### ④ 手不能握得太久

握手握得久是否就是郑重、礼貌？其实不是。握手握到合适的时间就好，千万不要握着手一直不放，这对女士来说特别不礼貌，也不够尊重。

### ⑤ 握手力度应恰当

当双方手握手时，要有一个适度的力度。既不能太轻，显得不重视。也不能太重，显得不够稳重和礼貌。

### ⑥ 握手要握手的三分之二

握手不能只握手尖，好像蜻蜓点水，也不能全部拿住，铺天盖地。最好的握手方式就是握到手掌的三分之二。

### ⑦ 握手时看着对方

不但说话时需要看着对方，握手时也一样。这样方能显得尊重、重视和礼貌，而且拉近彼此的关系。

## 4. 电话礼仪

在现代信息社会，通过电话沟通、联络感情，早已是极为普遍的事情了。而在销售领域，与通常接听拨打电话不同的是，汽车销售人员更需要注重个人电话礼仪，如图2-10所示。

### （1）拨打电话的流程

拨打电话并不是随意的行为，而是有一系列拨打电话的流程。

### ① 准备工作

拨打电话之前，应首先查阅潜在客户的信息档案，围绕通话目的准备谈话要点。事先针对客户可能摆出的搪塞或拒绝的理由，拟定好对策或化解之法。此外，还须准备好相关材料以及记录用的笔和本子，慎选通话时间。

### ② 拨通电话

在确定电话号码准确无误后，拨通对方的电话。确认对方的公司，并介绍自己的公司和姓名。然后确认对方是否为要找的人，现在是否有时间交谈等。

图2-10 拨打电话

③ **陈述目的**

首先为占用客户的时间表示歉意，然后简洁而清晰地说明拨打电话的目的，争取获得面谈和试驾的机会。

④ **再次确认**

对于客户所谈及的主要内容，应随时记录；对于未明白或有歧义的地方，应再次确认无误，以求准备把握谈话内容。

⑤ **结束通话**

对客户接听电话表示感谢，对占用客户的宝贵时间再次致歉并表达祝福，如祝您生活愉快，工作顺利等。挂电话时，一定等客户先挂断电话，再挂断。

### （2）拨打电话的注意事项

#### ① 选准拨打电话的时间

拨打电话，选择合适的时间很重要，因为对的时间是良好沟通的开始。除急需或特殊情况外，最好在白天8点以后，夜晚10点之前拨打客户电话。期间应注意避开中午用餐和休息时间。最好别在节假日打扰客户，若万不得已，也尽量在上午9点以后。

#### ② 注意拨打电话的方式

●**态度平和**

销售人员在利用电话沟通的时候，一定要有意识地保持平和的态度。通话过程中，应避免出现亲近异常或特别冷漠的情况。不管他人求我，还是我求于人，都应保持不亢不卑、不骄不躁的作风。任何情况下，都不应该在电话上发脾气、训斥他人甚至恶语相加。

●**以情动人**

打电话的目的，是为了沟通、交流，拉近彼此的距离，赋予电话以感情色彩，达到闻声而见人的效果。

●**礼貌用语**

言为心声，汽车销售人员态度的好坏，都会表现在语言之中。得体的语言、适中的语速、恳切的语调，可以让你的声音更加友好热情，令对方感到亲切、友善，愿意与你交流、沟通。

## 5. 名片使用礼仪

在中国，名片已有两千多年的历史。秦汉时期曾称为"谒"，后历代演变直至清朝方有"名片"的称呼。作为重要的社交工具，名片直接传递个人和公司的信息，增进人与人之间的联系。一般情况下，汽车销售人员在见面寒暄、自我介绍后，往往需要递上自己的名片，为日后与客户交往提供方便。

### （1）递送名片

递送名片不仅仅是几个简单的动作，也有学问，如图2-11所示。

①递送名片时，应双手递出，并报出自己的姓名。递送过程中，可以说些客套的寒暄语，

如"请多多关照"之类。

②递出名片或其他有文字的卡片时，要将文字的正面朝向对方，方便对方阅读。

③若双方同时递送名片，用右手递出，左手接回。在收到对方名片后，应用双手托住以示郑重。

④若同时向多人递送名片，应按照"由尊而卑、由近而远"的顺序，依次递送。切不可"跳跃式"递送，令人产生厚此薄彼的感觉。

图2-11　递送名片

### （2）接受名片

有递送名片的礼仪，自然也有接受名片的礼仪。

①当客户递送名片时，汽车销售人员应郑重地用双手接过来，并表示感谢。拿到后要及时阅读，一是表示尊重，二是若有不懂之处可立即请教客户，如不认识的字。

②将客户名片阅读完毕后，不可以将名片拿在手里随意摆弄，而要妥善存放。一般可放入上衣口袋或公文包里，不宜放入裤袋中。

### （3）交换名片注意事项

#### ① 注意名片交换的顺序

遵循"女士或尊者优先"的原则，通常由地位低或男士主动递上自己的名片。当然，汽车销售人员面对客户，一般都是处于主动递送名片的位置。

#### ② 注意名片交换的方法

若是递送名片，双手食指和大拇指分别夹住名片左右两端，将文字正面正对对方，并略道谦恭之语，如"请多指教"、"这是我的名片"之类。

若是接受名片，应由名片的下方恭敬地双手接过，并略道感谢之语，如"谢谢"、"很荣幸"等。将名片收到胸前，及时阅读，了解对方名字、职业、联系方式等信息。了解完毕后，应妥善保存。

一般在社交场合，不宜向别人伸手讨要名片。若确实需要，必须施以请求的语气，如"不打搅的话，请给我一张名片，以便日后联系您。"

### 6. 寒暄礼仪

寒暄本指见面双方谈论天气寒暖的应酬话，后来也就不限于天气问题了。作为社交手段，寒暄的基本作用是表明自己的友好态度，以联络感情，保持友好的关系。寒暄是人际交往的起点，是沟通心灵的钥匙，如图2-12所示。

### （1）寒暄的类型

寒暄的类型多种多样，具体应用到销售接待上，通常有以下几种比较常见的寒暄方式。

图2-12　寒暄

### ① 问候型

问候型寒暄的用语比较复杂，销售人员最常用的是表现礼貌的问候语，如"您好"、"早上好"、"节日好"之类。当然，也有不少表现友好态度的问候语，如"生意好吗"、"平常忙些什么呢"等。

### ② 言他型

"今天天气真好！"这类话也是日常生活中常用的一种寒暄方式。特别当初次见面，一时又难以找到话题，类似的话可以打破尴尬的场面。

### ③ 触景生情型

触景生情型是针对具体的交谈场景临时产生的问候语。诸如对方刚做完什么事，正在做什么事以及将做什么事，都可以作为寒暄的话题。如客户刚进门问："路上一切顺利吗？"临近午餐时间问："吃过饭了吗？"等，随口而来，自然得体。

### ④ 夸赞型

夸赞是让人们感到愉悦，拉近彼此距离的简单方式。作为一个社会成员，我们都需要别人的肯定，需要别人的赞美。如客户穿了一件好看的裙子，可以说："李小姐，你这件连衣裙真漂亮！"。若无意中与客户谈及年龄，你可以说："李先生，真看不出来，你已经50岁了，看起来不过40出头的样子！"

### ⑤ 攀认型

在人际交往中，只要彼此留意，就不难发现双方有着这样那样的"亲"、"友"关系，如"同乡"、"同事"、"同学"甚至远亲等。初次见面时，通过寒暄攀认某种关系，或许可转化为建立交往、发展友谊的契机。作为汽车销售人员，要善于寻找契机，发掘与客户的共同点，从感情上靠拢对方。

## （2）寒暄的注意事项

### ① 态度应主动热情、诚实友善

寒暄时除了选择合适的方式、语句外，配以主动热情、诚实友善的态度最重要。只有把这三者有机地结合起来，寒暄的目的才能达到。若用冷冰冰的语气对客户说："很高兴见到你"，客户说不定浑身感到发冷。若以不屑一顾的态度夸奖客户："我发现你很精明能干"，客户或许会想这是不是一种讽刺？所以，说话的语句需要斟酌，热情友善的态度更不可缺少。

### ② 话语应适可而止，因势利导

凡事都应有个"度"，寒暄也不例外。恰当适度的寒暄，有助于打开谈话的局面，但切忌没完没了。有经验的销售人员，总是善于从寒暄中找到契机，因势利导，言归正传。

### ③ 善于选择话题

比如天气。天气几乎是中外人士最常用的普遍的话题。天气很好，不妨同声赞美；天气太热，也不妨交换一下彼此的苦恼。

比如自己闹过的有些无伤大雅的笑话。像买东西上当、语言上的误会等。开开自己的玩笑，除了能够博人一笑外，还会使人觉得你为人随和，容易相处。

比如医疗保健。这也是人人都感兴趣的话题。怎么可以延年益寿，怎么可以增强体质，怎么可以减肥等，这类话题能吸引人的注意力，也没有什么不好。

比如轰动一时的社会新闻。假使你有一些特有的新闻或特殊的意见和看法，那足可以吸引一批听众。

比如家庭问题。从儿童教育、夫妻相处、家庭布置，到亲友之间的交际应酬、购物经验等，也会让大多数人产生兴趣，尤其家庭主妇们。

此外，还有政治、宗教、运动、娱乐等，都可以作为闲谈的话题。

## 三、任务实施

### 1. 情景问答

（1）汽车销售人员应该展示什么样的妆容？为什么？

（2）握手有哪些禁忌？

（3）寒暄有哪些注意事项？

### 2. 情景演练

（1）男女分两组，一组练习汽车销售人员的穿着，一组对着装进行点评。

（2）分小组练习不同场合、不同角度的鞠躬。

（3）采用角色扮演，进行顾客投诉电话接听训练。

（4）分组练习递送、接收名片的训练，注意眼神、表情、手势等礼仪的运用。

# [ 任务二　客户管理 ]

客户管理，就是在以"客户"为中心的指导思想下，研究客户需求，不断提供针对性服务，以挖掘潜在客户，保留重点客户，赢得客户忠诚，最终实现意向客户向现实客户的转化，获得客户长期价值。

## 一、任务分析

客户就是上帝，每个人都知道"客户"对于我们销售工作的重要性。那么，如何给新到店的客户留下良好的印象？如何保证目标客户成交？如何促使客户返店服务？如何让客户主动为我们传播良好的口碑？这些都属于客户管理的目的和任务。

## 二、相关知识

### 1. 客户管理的必要性

客户是汽车专卖店的核心资源，客户管理的程度和深度是专卖店赖以生存的基础。曾在15年的时间里以零售的方式销售了13001辆汽车，号称"史上最伟大的推销员"的乔·吉拉德，他成功的关键就是竭力为客户提供高质量的服务，不但让他们一次次返回向他买车，还热情地为他介绍了很多可能购车的朋友。做好客户管理的巨大作用，由此可见一斑。

以汽车销售及其后续服务为核心卖点的企业，注重客户关系偏重在维持长久的客户关系上，从而可以不断提升客户的忠诚度，让来店/电的客户终身成为自己企业的客户，而且还会不断介绍新的客户进来，这也是一种营销手段。如果强调在销售人员上，客户管理更多地体现在鼓励销售人员为客户提供更多更好的服务，以及一种非常贴近的服务态度。

#### （1）客户管理有助于建立客户对产品和服务的信心

就销售这个具体情境而言，客户的购买行为也是有风险的。在决定购买及购买初期，由于信息不充分、信任缺乏等因素，客户对产品的质量、价格、售后服务等都不够放心，一般交易时都比较谨慎，甚至常常决定了购买却临时反悔。通过客户管理，汽车销售人员越了解客户，越能小群体、甚至点对点地为客户提供针对性的服务。与之相适应，客户和我们的关系会更密切，对我们的信任也日益加深。这些满意的客户，会因为得到更贴切的关怀而继续接受我们的服务，逐渐形成消费性、持续性的追加购买。

有统计数字表明，忠诚客户的平均消费支出是新客户随意消费支出的2～4倍。而随着忠诚客户年龄的增长、收入的提高或其他因素的影响，客户的消费量会进一步增长。

## （2）客户管理有助于更好地挖掘老客户的价值

在眼球经济的时代，为了争取到一个新客户，汽车经销商需要大势宣传，如广告轰炸、促销活动、优惠让利等。尽管在这种常规的营销手段上花费了很多费用和精力，却收效甚微。往往经销商们绞尽脑汁、费尽九牛二虎之力，才不过争取到一部分新客户。而且这些新客户通常比较谨慎，到店看的多、购车的少。花大力气做的宣传，更像赔本赚吆喝，吸引了一群看客而已。

可老客户不同，只要客户对购买决策以及后续的售后服务满意，适当的关系如到位的客户管理，就能保持客户的消费惯性。显然，挖掘老客户的价值，比费尽心机发展一位新客户，要省力得多。据一项概念性统计研究表明，发展一位新客户的投入是巩固一位老客户的5倍。可见，更多地关注老客户的价值，促使老客户的持续性消费，是降低销售费用的有效方法。

## （3）客户管理有助于提高企业口碑，不断发展新客户

无孔不入的广告宣传，多种多样的销售活动，确实可以吸引部分新客户，但这种极具煽动性的行为，也导致了客户的抵触和不信任。据一项全球广告信任度调查表明，熟人推荐的信任度达到了91%，远远高于报纸、电视等常规媒体。

像购买汽车这样较贵重物品的大件消费，任何一个消费者都不可能单独做决策，人们通常会在购买之前进行大量的信息收集工作，有的甚至经年累月。在这些搜集信息的过程中，他们会请教懂车的朋友，然后咨询家庭成员的意见，有的时候，还会征求其他车主的意见。无疑，听取亲友、同事等人亲身经历的感受和建议，要比企业自身的广告宣传有效得多。正如有人所说：一个满意的客户会引发8笔潜在的生意，而一个不满意的客户会影响25个人的购买意向。在这种情况下，如果销售人员只是简单地将全部的销售技能用在购车者身上，而忽视了那些对客户的购车行为有影响的周围人，将失去赢得新客户的机会。因此，做好现有客户的服务，老客户满意的口碑就会影响到潜在客户，潜在客户更容易转化为我们的现实客户。

通过足够的培训，汽车销售人员必须学会如何与客户周围的这些人建立有效的某种关系，通过对这些关系的了解和影响来对购车者发挥影响力，从而缩短销售过程，向有利于自己的方向发展。

## 2. 客户管理的方法

究竟要如何才能有效地开展客户管理工作？需要做好哪些准备？在汽车专卖店里，诸如三位一体交车、汽车讲堂、车友会等各种形式，已经融入销售或售后的业务中，很多品牌的专卖店甚至设立了专门的客户关系管理部门，专人负责客户回访和预约、满意度调查、客户分类识别等。这里谈到的客户管理方法，主要倾向于如何有效促进以销售为目的的客户关系，或者说有效地通过客户关系来影响客户的购买决策，通过掌控客户关系来实现销售目的。

### （1）快捷的服务，热情的态度

单纯看待汽车销售，好像这只是一个卖车与买车的问题。但优质快捷的服务，改变了这一

切。客户来店咨询,为什么最终向你倾诉购车意图?因为你的态度好。这是初次接触不可忽略的问题。因为汽车销售人员的热情态度,使客户感受到了尊重与诚意,进而影响到客户对汽车销售人员的信任度评价,从而愿意与销售人员就购车意向进行交流。这对汽车销售人员来说,就是不错的开始。

有热情的态度还不行,还得辅之以方便快捷的服务,才能相得益彰、如虎添翼。从客户咨询到确定购车意向、购买保险、车辆上牌、验车交车以致维护保养等后续事宜,汽车销售人员都可以替客户包办,提供"一条龙服务"。这不仅大大延伸了汽车销售企业的产品价值链,也为客户提供了各种方便、一流的服务,不仅应该确保客户在购车前后都能持续地体验到经销商及汽车销售人员的热情与承诺,还要让客户享受到尊贵的礼遇,这样才能既满足客户的高度期望,又为其带来新的惊喜。

其实,从客户的期待出发,每个客户都希望能够在汽车销售人员那里得到热情的接待与快捷的服务,既是个人自尊的满足,也是对产品求放心的心理需求。因此,优质的客户服务应是企业不可或缺的销售策略。经销商和汽车销售人员要更多地研究客户心理、客户需求,研究服务产品的开发、服务标准的建立、服务产品的定型,研究保证服务质量的各类培训、监督系统和整体执行,研究客户反馈和应对措施。只有这样,才能吸引客户、留住客户。如在购车一周内给客户一个电话,感谢客户从我们的专卖店购车。这个做法实际向客户表明:购车不是交易的完结,而是彼此关系的开始。在未来较长时间内,客户仍然能够得到我们贴心的服务。同时可以询问客户:是否有需要帮忙的地方,如上牌照、维修保养、自驾游地图指南等。这个做法的目的,在于让客户感受到我们的热情和优质服务,不是完成交易以后就结束了,终将伴随客户用车的整个过程。无可置疑,这些做法有助于提高客户对企业的认可度,进而提升客户的忠诚度。而这也就是我们希望通过服务吸引并维持客户的目的所在。

在整个汽车销售过程中,态度和服务很重要。汽车销售人员一定要"以客户为中心",凭借良好的心理素质、高尚的职业道德和全面的工作能力,为客户提供热情而又周到的服务,消除客户的各种疑虑,当好客户的参谋。

## (2)利用各种有效途径,发现和培养新客户

要开发新客户,应先找出潜在客户,而潜在客户必须多方寻找。增加潜在客户的渠道有很多,有朋友介绍参加车展举办的各种试乘试驾活动,有驾驶学校、汽车俱乐部、汽车维修厂等汽车潜在客户集中的单位或场所。此外,还有老客户给售后服务人员的介绍信函、汽车相关的网站论坛等,也是帮助销售人员大量接触客户的一个好办法。从发现客户的角度来说,销售信函尤其电话,是最能突破时间与空间限制,最经济、最有效率的接触客户的工具。汽车销售人员若能规定自己,每天找出时间至少打五个电话给新客户,那么一年下来就可以增加1500个与潜在客户接触的机会。

## (3)针对客户的喜好特点,提供个性化服务

客户都有自己的喜好特点,这点毋庸置疑。问题是,如何运用到销售领域呢?汽车销售人员又该如何把握这点?可以根据客户的喜好,设计并提供针对性的服务,让客户感到省心、贴

心。如世界知名的利兹卡尔酒店，只要客户第一次入住，酒店都会记下客户的特殊偏好，如饮食的口味、灯光的明暗、枕头的高矮等。当客户再次光临时，酒店就会根据客户的个人喜好安排服务，让客户真正感受到宾至如归的感觉。

更多地了解客户，使客户相信汽车销售人员真正地喜欢他、关心他，那么，成交的希望就增加了。为此，销售人员必须了解客户，搜集客户的各种有关资料。所有这些资料都可以帮助销售人员接近客户，谈论客户感兴趣的话题，可以让他们高谈阔论，兴高采烈，手舞足蹈。只要让客户心情舒畅，他们自然不会让销售人员大失所望。

### （4）学会跟踪回访，提高客户认知度

为进一步说明问题，老板举了一个生动的实例：有个人看到我们的招聘广告，在应聘截止最后一天，他向我们投来他的简历（最后一天投简历的目的是使他的简历能放在一堆应聘材料的最上面）。一周后，他打电话来询问我们是否收到他的简历（当然是安全送达）。这就是跟踪。四天后，他来第二次电话，询问我们是否愿意接受他新的推荐信（西方人对推荐信格外重视），我们的回答当然是肯定的。这是他第二次跟踪。再两天后，他将新的推荐信传真至我的办公室，紧接着他电话又跟过来，询问传真内容是否清晰。这是第三次跟踪。我们对他专业的跟踪工作印象极深，最终录用了他。

不断地跟踪回访，不仅仅希望客户熟悉销售人员及其所在的公司，更倾向于提高客户对销售人员本身及公司产品、服务等方面的认知度。

## 3. 客户管理的内容

客户管理的内容，简单来说，就是在充分分析的基础上，找出哪些是我们的客户，哪些是重点客户，这些客户有什么样的需求，和我们存在哪些关系等，以此对客户资源进行跟踪和维护，并作为我们决策的需要，提高销售的针对性。

### （1）现场接待客户

现场接待是客户管理的起始，甚至可以说是客户管理的基础。很多客户的第一手资料，常常是通过现场接待的汽车销售人员获得的。

#### ①接待潜在客户

进入销售现场的不一定都是客户，但有可能成为潜在客户。认真对待进入卖场的每一个人，就是创造销售机会的开始。

##### ●及时接待

接待进入销售卖场的客户，不同的专卖店有不同的规定和理解。有的专卖店采用抽签的方式，决定接待潜在客户的销售人员；有的专卖店则采用轮换的方式。目前中国的很多汽车销售展厅，当客户走进来后，不是没有人接待，就是接待的人过多，销售水准非常业余，缺乏足够的专业性。

如有的地方对展厅的销售管理不到位，汽车销售人员接待到店客户的安排基本无次序，往往看谁有空闲，凭自觉，完全随机。如果恰好这时候没有空闲的汽车销售人员，这个客户将被搁置，没有人来招呼。甚至当他需要帮助、有疑问的时候，也无人搭理。另外一种情况是，许多汽车销售人

员有空闲，若进来的潜在客户是一个外表看起来非常有希望的买家时，销售人员们就会蜂拥而上，让客户感到如同进了百货大楼的卖场。即便有的展厅销售管理很到位，也无法有效避免上述两种情况。这时候，安排一两位临时接待是个不错的办法。如奥迪的展厅里就设置有接待台，后面总有一位或两位接待员，负责接待没有销售人员招呼的潜在客户。

### ●判断接近时机

当一个客户走进汽车展厅，汽车销售人员立刻切入购车主题并不适合。这时候，可以通过打招呼、问候等方式，做简单的招待和交流。然后留一些时间让他们先随便看看，并告诉他们有问题可随时找人。当客户的目光聚焦点不再是汽车，而是朝四周搜寻的样子，这就是寻找汽车销售人员提供帮助的信号。其他诸如拉车门，或试图打开汽车的前舱盖、后尾箱等，这些都是客户发出的信号，销售人员要把握时机，及时出动。

### ●正式接待技巧

当汽车销售人员接近潜在客户时，首先应该说什么呢？是"这个车是新到的，这个车的技术很领先，因为许多科技成果被首先应用了"，还是"这个车上周刚获得中国汽车杂志的评价，是年度车"等，这些话会有效吗？应该说很难。当与客户从陌生开始沟通的时候，老道的汽车销售人员一般不先说与车有关的事情，而是聊些题外话。可以谈谈天气，可以谈谈刚结束的车展，还可以谈谈让客户感觉舒服、不以成交为导向的任何话题。比如，可以是与客户一起来的孩子，长得真高，多大了，比我侄子可高多了；也可以是客户开的车，保养得真不错等。所有这些话题的目的就是为了初步降低客户的戒备，逐渐缩短双方的距离，更自然地向购车话题转换。

## ★【看一看】

在美国福特汽车内部，有一位连续保持20年销量冠军记录的经销商，他模仿五星级酒店的做法，在展厅的门外安排了两个门童。只要有客户准备进入展厅，就先由两位门童接待。通过短暂的三分钟的交谈，门童将客户安排给某一个销售顾问。看起来这并不是一个多么有创意的方法，但关键是，该经销商挑选了有心理学本科学位的人来做门童。于是，只要通过简短的交谈，有心理学背景的门童就大致了解了这个客户的行为倾向，从而有针对性地将内向的客户安排给外向的销售人员，将外向的客户安排给内向的销售人员，形成了绝好的搭配。而且，经销商也不必担心由于销售人员的跳槽而带来的客户关系维系成本的上升，因为维系客户关系的一部分职责由门童分担了。

## ② 区分客户类别

经过初步的观察、闲聊，汽车销售人员对所接待客户的类别，即可能购车的倾向性，也有了大致的印象。

### ●随便看看型

走进销售展厅的不一定都是想购车的客户，很多人其实只是随便路过进来看看，满足一下好奇心。这类客户的普遍特点：一是言谈与行动不同，走进的是越野车展厅，问的却是关于小型或紧凑型汽车之类的问题。二是没有明确的喜好，看到什么就喜欢什么，对汽车没有一个相对固定的评判标准。三是直接问价，尽管对车型的具体情况还不甚了解。

对于只是随便看看的客户，汽车销售人员不必特别在意或干预。若客户有问题咨询，给予解答即可。

### ●特意了解型

有些客户进入汽车展厅，并不是看看了事，他们会对具体车型做深入了解，但没有购车意向。

这些客户的普遍特点：一是目前没有经济实力，但并不意味着他们一直没有经济实力。他们也许正计划着当有足够的支付能力时就出手购买汽车，现在提前来了解一下行情。二是已经购买了其他汽车，但想通过对现在行情的了解，来判断自己过去的采购决策是否正确。三是其他原因，如替朋友来看车等。

对待第一种类型的客户，由于他们看车的真实目的并不是在较短的时间内就采购，因此，汽车销售人员要控制好自己的有效销售时间，一般在十分钟内解决问题。不过可能的话，销售人员最好获得对方的名片或联系方式等。若销售人员看重长期的效果，对交谈十分钟以上的客户都应该做记录，以备拓展未来的社会关系，也是工作的一个积累。

对待第二种类型客户，努力介绍售后服务会帮助你建立客户关系。通常，客户决定在什么地方购车的一个因素，就是该地方的售后服务能力。因此，对这类客户有意识地强化售后服务，就是给未来做铺垫。即使客户已经购买了汽车，他也可能影响到周围的人。汽车销售人员建立这类关系的目的，就是深入地争取竞争对手的客户，尤其是竞争对手现有的客户。也许客户暂时没有经济能力，但如果销售人员给他留下了很深刻的服务概念，一旦有经济能力买车的时候，客户就可能来。

最后一类客户，就是购买可能性最大的客户。这个时候，销售人员需要做什么呢？要观察，努力地观察，看这个客户对什么车型感兴趣，然后接近客户，打招呼、寒暄，不能直接切入主题，如今天买哪辆车，现在就付款吧等，那样肯定招致客户的反感。那么如何寒暄呢？寒暄要引入公共话题来打破陌生感，消除对方的防范意识。哪些才是共同话题呢？诸如体育、新闻、天气之类，如天气真冷，你看这儿雾这么大等。当达到一定火候，就可以切换到购车主题上来，主要介绍客户感兴趣的那款车。这个时候介绍应详细，应根据客户的不同侧重点稍异。若客户提出试乘试驾，在试车过程中详细介绍车辆的加速性、安全性、操控感以及舒适性，效果更好。在交流过程中，客户随时可能离开，要注意争取获得联系方法，这非常重要。

★【看一看】

## 如何积累公共话题？

公共话题大多出现在报纸、电视，以及许多媒体上，甚至街头巷尾的闲谈也是不错的途径。平常，汽车销售人员就得多留心，多读多看多听，积累相关话题。事实上，只要与汽车有关的信息，都是汽车销售人员应该关心的话题。

### ③ 不同层次的客户接待

在汽车销售中，客户的层次各不相同。有的客户只想看看车型资料了解一下，有的客户想看看车后再决定，有的客户则早相好了车现在想谈价格等。对于不同层次的客户，汽车销售人员应区别对待。

● 客户想要车型资料

询问客户想要哪种产品型录，同时递上自己的名片。若客户就车型录中的相关问题咨询，销售人员应对客户进行回应。解说时避免使用专业术语，尽量用适当的比喻，以通俗易懂的语言说明。介绍过程中，适当留给客户一些思考的空间，不让客户感到有压力。询问客户的基本信息，若客户不愿意回答，不宜追问不休，可用意见征询表或赠品发放登记表等形式，不留痕迹地留下客户的基本资料。

● 客户想看车，但对自己感兴趣的车还不明了

采用开放式的提问，确定客户的购车动机。尽量让客户发表看法，并仔细聆听客户的话，适当对客户表示赞同。若谈话中涉及一些有关客户的重要信息，不妨强调和重复一下。最好通过聊天的

形式，打探出客户的生活方式或所期望的汽车功能，以便决定向其推荐的车型档次。然后根据客户的购车倾向，为客户推荐他可能感兴趣的车，并带客户去看车。

### ●客户想看某种具体的车型

询问客户以前是否来店看过同样的车，确定客户的购车经验，以免重复介绍。当客户确认希望购买的车型时，可将客户引领至其感兴趣的车型旁边，实地现场感受。

### ●客户想洽谈某车型的价格

询问客户是否已经看过其所要的车，是在本店还是在其他店里。询问客户是否需要去看其所要的车，并确认客户所要的车型和档次，注意不要重复客户已经历过的销售步骤。

## ★【想一想】

通常走进展厅的客户属于哪几种类型？应该如何区别对待客户？接近客户的第一个的话题就是针对客户要采购的汽车，合适吗？为什么？在客户看车的前三分钟里，汽车销售人员应该做些什么？有什么话题可以与客户沟通？在与客户的初步沟通中，获得什么信息最重要？

## （2）回访跟踪客户

客户回访追踪，是每一个汽车销售人员无法回避的工作。因为希望客户第一次来现场，就完成销售与购买产品，那只是理想状态，基本不太现实。那么，在客户走后的及时回访追踪，就显得非常重要了。

### ① 回访跟踪的重要性

美国专业营销人员协会和国家销售执行协会的统计报告显示，2%的销售在第一次接洽后完成，3%的销售在第一次跟踪后完成，5%的销售在第二次跟踪后完成，10%的销售在第三次跟踪后完成，80%的销售在第4～11次跟踪后完成。

由此可见，大部分销售并不像我们通常所想的那样，在交易现场就完成了。恰好相反，很多交易的达成其实是多次回访跟踪后的结果。然而，在我们的日常工作中，80%的销售人员在跟踪一次后，不再进行第二次或第三次跟踪，而能够坚持到第四次跟踪的销售人员，不超过2%。

其实，积极有效的回访跟踪工作，不但加深了销售人员与客户之间的交流，更利于了解客户的想法和需要。同时，多次的回访交流，容易给客户留下深刻的印象，一旦客户采取行动时，自然会首先想到与他交流不断的销售人员，而不是其他人。

### ② 回访跟踪的策略

回访跟踪的最终目的是实现销售，但形式上绝不是我们经常听到的"您考虑得怎么样？""什么时候来店付款？"等。

有效的回访跟踪，除了注意系统连续外，更需要讲究策略和方法。如采取较为特殊的跟踪方式，为每一次回访找到漂亮的借口，加深客户对您的印象。注意两次跟踪的时间间隔，太短会使客户厌烦，太长则让客户淡忘，一般以间隔2～3周为宜；每次跟踪切勿流露出强烈的渴望，而是试着帮助客户解决问题，了解客户最近在想些什么，工作进展如何等。

### ●电话跟踪

电话是最能突破时间与空间的限制，以最经济、最有效率的方式接触客户的工具，若能规定自己，找出时间每天至少打五个电话给新客户，一年下来就能增加1500个与潜在客户接触的机会。扩大人际关系的背后，也可能是个人业绩的顺风见涨。下面讲讲有关电话跟踪的技巧。

电话跟踪，首先是时间的选择。究竟什么时间给客户打电话最好？这个因人而异。根据客户的忙碌程度，一般分为两大类，即上班族和无业族。针对这两类客户，挑选合适的时间，才能得到最佳的沟通机会。

若客户是上班族，不要选择早上打电话。因为早上是上班族最忙的时候，一般来说他（她）们都不会和销售人员用心交谈。中午也不是最佳的时机，因为中午休息的时间比较短，有的客户还要急急忙忙地赶回家吃饭。那什么时间是最佳时间段？通常在晚上7至8点钟。在这放松的时刻，大多数上班族比较闲。如果打他（她）电话，一般客户都会用心交谈。

若客户是无业族，也不要早上打电话，这个时候他们基本上都在睡懒觉，打电话给他（她）们，好的情况是敷衍几句，脾气差的还会发怒。晚上也不是很好的时间，因为晚上可能约了一帮朋友在一起喝酒聊天，不会和你聊这些问题。那么什么时间比较合适？午后。这个时间段是他（她）们比较闲的时候，适合交谈。

电话回访追踪，还要注意准备充分，态度恳切。在给客户电话之前，首先要明确自己的意图和目的，不要拿起电话不假思索地就给客户打过去。在通话之前，就必须事先精心设计好自己的开场白。在谈话的时候，应口齿清楚、语调平稳、言辞恳切、理由充分。当陈述约见事由时，简明扼要、切忌心浮气躁、口气逼人，若客户不愿约见时，更要心平气和、好言相待。在约定的时候，更要积极、主动、不给客户拒绝、托辞的机会。

## ★【看一看】

通常来说，人们拨打销售电话的时间是在早上9点到下午5点之间。所以，你每天也可以在这个时段腾出一小时来打电话。如果这种传统的销售时段没有效果的话，就要避开电话高峰时间，而将致电时间改到非电话高峰时段，或在非高峰时段增加致电时间。最好能安排在上午8:00～9:00，或中午12:00～13:00以及17:00～18:30之间致电客户。

打电话做销售拜访的目的，是获得一个约会。因此，销售人员事先应大概了解一下对方的需求，以便给出一个很好的理由，让对方愿意花费宝贵的时间与您交谈。通话时，要注意礼貌用语，让人没法拒绝。如果对方没接电话，说不定对方正忙着，就不要打电话了，否则会让客户很烦恼。

### ●短信跟踪

短信跟踪，就是应用短信客服软件建立一个客服平台，通过发送短信来发布促销信息、回答客户询问，以进行产品宣传推广、业务跟踪、会员管理以及售后调查等。

在市场营销宣传和推广方面，应用短信群发，面向目标市场大批量、大范围的发送产品宣传短信广告，利用短信广告到达率/浏览率高、费用低廉等宣传特点，传播广告信息。

在促进销售的业务跟踪方面，利用短信平台与客户之间建立一个双向互动的短信息平台，形成持续的业务跟进。

在促销广告传达，促进购买方面，利用短信进行促销信息发布，扩大宣传。与防伪业务结合，采取设奖的方式引导消费者购买并查询产品，在促进产品销售的同时，可有效地发现并打击假冒产品。

### ●约见跟踪

约见跟踪，就是约定一个时间，与客户面对面地交流。相比电话跟踪和短信跟踪，正面约见跟踪可以现场沟通，因而对客户的说服力，要有效得多。

约见跟踪是很好的沟通机会，如要好好把握，应注意：一要表达自己丰富的感情。交流时，妙语连珠固然好，但如演员的表演一样，只有当自己的感情也融入妙语中，才会产生感人的力量。若不能将自己的体会一并传达给听众，千万"妙语"，也只是聊天的话语，对于销售目的而言，没有任何作用。二要避免说教指示的口气。客户和你，都是平等的交流对象，彼此不存在谁对谁错、谁高谁低的问题。因此，交流中不要带有任何说教的语气，以免引起客户反感，破坏了沟通应有的目的。三要擅用肢体语言。虽然手势、眼神、微笑只是无言的一种动作，却散发着无比的魅力。它们能抓住听众的眼光，让听众在不知不觉中就随着你的手势或微笑，了解你所要表达的意念。记住，肢体语言的表达在说妙语的时候占有80%以上的重要性，所以请不要吝啬活动的双手，双脚及眼、耳、鼻、口、舌。四要善用倾听的技巧。有人听，妙语才能起作用，但是谁要听？是你。当你听懂别人的话，按照对方的需求，可能只要回复一句话就够了。但是当你听不懂客户的话，随便回答，就算是讲千言万语，也于事无补。我们怎样听？听什么？必须对事物有一个概括性的了解，以确保交流能够产生预期性的效果。

★【看一看】

## 如何根据客户评估进行跟进？

跟进前，将客户的记录做到位，如客户的年龄、性别、电话、单位、车型、长相特征、喜好及所谈重点等，以便分析该客户的类型等级，做出正确评估。然后，即可根据所做评估跟进。

若是H类客户：一周内成交（含交订金），当日或第二日必须跟进，每隔两天必须打一个电话确定是否订车。

若是A类客户：两周内成交，当日或第二日必须跟进，每隔三天必须打一跟进电话，适时上门拜访。

若是B类客户：一个月内成交，三天内必须跟进，每一星期跟进一次电话，适时上门拜访。

若是C类客户：两个月以上成交，三天内必须跟进，每两星期跟进一次电话，适时上门拜访。

项目三　需求分析

客户为什么购买汽车？可能是代步的需要，可能是身份的需要，也可能是运输的需要，更可能是圆梦，或者什么原因都没有。对这些形形色色的客户需求，汽车销售人员应给予细致的考虑，这些都属于需求分析。可以说，汽车销售的成败，决定于需求分析。

## ［ 任务一　了解客户的需求 ］

成功的销售活动，了解客户的需求是第一步。只有贴近客户、了解客户的真实需求，才能做出针对性的服务。否则，对客户需求的模糊或缺乏了解，就无法有针对性地进行销售咨询，难免出现隔靴搔痒的尴尬，销售效果自然大打折扣。

### ◔ 一、任务分析

要分析并满足客户的需求，首先就应了解客户的需求。客户因为存在需求，所以来了。但客户的需求是什么？客户不一定开门见山、一语道明，这就需要汽车销售人员去了解。在这一环节中，我们应学习如何了解客户需求，有哪些技巧，如何去做等。

### ◔ 二、相关知识

#### 1. 聆听

苏格拉底曾说过："自然赋予我们人类一张嘴，两只耳朵，也就是让我们多听少说。"在汽车销售过程中，学会聆听是一个优秀汽车销售人员的必备素质。从某种意义上讲，耐心倾听客户的要求，本身就能让客户感到满足，也是了解客户需求的最好途径。

##### （1）聆听的方法

聆听是一门艺术。要学会聆听，认真地听、主动地听，要掌握听的方法。那么，如何做一名优秀的聆听者呢？

###### ① 眼耳并用，保持正确的倾听姿势

聆听时，要同客户保持稳定的目光接触，鼓励客户表达自己，以便聆听全部信息。注意保持正

确的倾听姿势，并适时表现出聆听兴趣，切忌弄虚作假，敷衍了事。

### ② 适时参与谈话

在聆听过程中，还可适时主动地与客户交流，不但能帮助我们更接近客户、了解客户，也能让自己被客户理解。

### ③ 留意客户的"弦外之音"

有时候，针对销售人员的询问，客户并不直接表明自身的看法、观点或要求，而是较为隐晦地或采取旁击侧敲的方式，说些看似无关却富含深意的话，这需要销售人员细心体味，善于发现，找到销售的契机。

## （2）聆听的注意事项

### ① 注意与客户的距离

人与人之间的距离很微妙，过近的距离往往让人感到不舒服。对于那些敏感的客户，更是如此。那么，什么距离客户才会有安全感？通常，当客户的视线能够看到一个完完整整的人，即从上能看到汽车销售人员的头部，从下能看到脚，这个时候客户感觉是安全的。

心理学里面基本的安全感是出自这个角度。如果说你与客户谈话时，双方还没有取得信任，马上走得很近，对方会有一种自然的抗拒、抵触心理。其实，当一个人对另一个人反感的时候，他连对方身体散发出来的味道都讨厌；当这个人对对方有好感的时候，他觉得对方身体散发出来的味道都是香味。所以，当客户觉得不讨厌你的时候，他会很乐意与你沟通。

### ② 注意聆听的专注程度

图3-1 交谈

客户要买车，他的需求、他的顾虑、有什么要求，客户都想告诉销售人员，让销售人员给他参谋。这个时候如果销售人员在认真聆听，客户感受到尊重，心理上就会获得满足感。如果客户在讲，却发现销售人员没有仔细听，或者根本没有听，客户就会认为销售人员不尊重他，自然就会心生不满，后果可想而知，如图3-1所示。

### ③ 注意与客户交流的技巧

一是认同对方的观点。销售人员要认同对方的观点，不管对方是否正确，只要与买车没有什么原则上的冲突，你就没有必要去否定他。你可以说："对，您说的有道理。"同时还要点头、微笑，还要说是。这样客户才会在心理上感觉轻松，感到销售人员很认同他。

二是善用心理学。从心理学的角度讲，两个陌生人要想成为朋友，达到一个人将自己心里的秘密告诉另一个人的熟悉程度，经权威机构调查得出，最少需要一个月。由此可见，汽车销售人员要想在客户到店交流的短短几十分钟里，就确立巩固与客户的关系，显然很不容易。在这种情况下销售人员要赢得客户，不仅是技巧的问题，还应适当掌握一些心理学的知识。当然，运用心理学进行销售时，我们要本着对客户购买负责的态度，绝不能运用心理学欺骗客户。

## 2. 需求咨询

通过聆听也许能掌握到客户的大致需求，也可能掌握不了。这时候，销售人员可以通过主动询问，切实了解客户的需求。谈话需要弄懂的问题包括：客户对我们的产品（即车）有需求吗？这种需求来自哪里，即支持客户需求的深层次动机是什么？客户真正了解自己的需求动机吗？此外，客户对自身的需求有什么特别期待吗？

### （1）询问

正确而得当的提问，是了解客户需求的好方法。它能够帮助汽车销售人员掌握客户目前的情况，能够引导客户朝销售人员所希望的方向表达自身的需求。同时，透过询问能找到更多的资料，支持汽车销售人员更好地服务客户。

#### ① 询问的目的

为最终销售服务的询问，要有明确的目的。首先是引导谈话，让客户感受到"重视"。在与客户建立和谐谈话环境后，更近一步了解客户需求，为产品介绍做准备。交谈伊始，可以从对方感受出发，提一些带人文关怀的问题。诸如：先生想喝点什么饮料？咖啡还是茶？热的还是凉的？初步放松客户的戒备心理。当客户安下心来后，可以用寒暄的方式提问。如：您是怎么知道我们店的？是开车过来的吗？怎么样，路上还好走吗？通过聊天式询问，分散客户的注意力，化被动为主动。若听客户说是开车过来的，可以顺势提问：不知道您现在开的是什么型号的车？感觉怎么样？把握机会，逐渐切入正题，了解客户的大致需求。

有一些话题，身为汽车销售人员一定要问，这能够发现客户很多的有用信息。如上面说到的问客户开的什么车，感觉怎么样？就这个问题，客户一定有一个意见。从中，销售人员可以发现客户的满意之处，也必定可以发现客户不满意的地方。这些满意和不满意的地方，归结起来，可以说就是客户对新车的期待。比如销售人员问捷达很耐用吧，客户表示也就那么回事，大毛病没有小毛病不断，凑合开。这一点就表明了客户对新车质量的看法，没有大毛病那是应该的，也别有小毛病。

#### ② 询问的方式

提问也得讲究方式、方法。

#### ●开放式提问

开放式提问是指提出一些范围较大的问题，对回答的内容限制不严格，给对方充分自由发挥的余地。如：您对车的主要要求是什么呢？您是想看看我们哪款车呢？

#### ●封闭式提问

封闭式提问是指提出那些答案唯一，范围较小且有限制的问题，主要用"是"或"不是"，"要"或"不要"，"有"或"没有"等简单词语来回答。如：先生您是选择高配还是低配？三厢车还是两厢车？

值得一提的是，没有任何证据表明，在成功的销售案例中，我们的销售人员使用了更多的开放式问题。也没有更多证据表明销售的不成功是因为销售人员使用了更多的封闭式问题。其实，内容决定形式，不论是开放式提问，还是封闭式提问，都只是方式的差异，根本性的问题还在于问题内容的选择和设计。

### ★【看一看】

在与客户交流时，尽量不要让他有压迫感，所有的言谈举止，如微笑、打招呼等，都要达到热忱以待的水平。同时，要做好自我管理，使每位客户感到满意并信赖你。

若有两人以上同行，不可忽视对其他人的招呼应对。

若同时有两、三组人来看车，要请求支援，不可有任何人受到冷落。

若有儿童随行，其他汽车经纪人应负责招待。若有儿童游乐区，最好将他们引导到游乐区。

向客户概述你在咨询过程中所获得的对其需求及意愿的了解。

向客户确认你的理解。

### ③ 询问的顺序

设计询问的顺序，实际是引导销售的过程。汽车销售人员可以通过一系列精心策划好的问题，一步一步地化被动为主动，将客户的注意力引向销售流程，往销售人员期望的方向去发展。

## ★【销售案例】

某日起亚销售展厅内，走进来一男一女两名客户。他们神态亲密，年龄30岁上下，女士穿着讲究，气质不错。男士则衣着正式，一望可知为白领上班族。

两人一进门，先搜寻了片刻，就兴冲冲地朝车展台上的k2走去。针对销售赵小姐的迎接问候，他们只是稍稍点点头，然后就自顾自地观赏车辆，根本就没理会其他事情。

根据多年的销售经验，赵小姐判断这两人应是不错的潜在客户。她跟随上前，第一时间对两位兴高采烈的客户表示欢迎，并自我介绍、递上名片。同时，微笑着询问：不知道有什么可以帮助到两位的呢？"

男客户直截了当地问：这就是起亚k2吧？多少钱？性能怎么样？你给我们介绍介绍？

赵小姐略一思考，回答道：这辆展车是起亚1.6顶配的。二位是想看看车是吧？您看这大热天的，二位专程跑一趟，不容易。您二位先请坐、歇会，我给您倒杯水，关于车的配置和价格一会我再给您们详细介绍。

说着，赵小姐做出手势，将两位客户引领至最近的休闲桌就座。男客户随手把捷达车钥匙放在桌上，女顾客很自然地把挎包移到身前怀中。这些，赵小姐都看在了眼里。

等二位客户坐好后，赵小姐问：二位喝点什么饮料？我们这里有矿泉水、咖啡，还有新到的绿茶，哦，都是免费提供的。

两位客户互相交流了一下眼神，女的说，我来一杯绿茶吧。男的说，我来一杯咖啡吧。

赵小姐为两位客户分别端上绿茶和咖啡。

赵小姐：二位是头一次来我们店吧？还没请教二位怎么称呼？

男客户：嗯，我姓李。这是我爱人。

女客户：我姓张。

赵小姐：哦，李先生，李太太。二位是怎么知道我们店的？是路过吗？

男客户：我们是看宣传页上的广告，正好我单位就在附近，下班顺便一起来看看。

赵小姐：这样啊。二位是开车来的吧？怎么样，路上还好走吧？

男客户：还行吧，就是有点堵车。

赵小姐：是，现在的交通真成问题，特别是早晚的上下班高峰，坐公交车又挤又慢，再过两天又该热了，真受罪。

女客户：可不是吗！自打搬家以后，我现在每天上班差不多得两个小时，中间还得倒车，有的时候挤不上去只好打车。

赵小姐：对，现在没个车还真是不方便。那二位这次是想换一辆车呢，还是新添一辆？眼神自然落在休闲桌的车钥匙上。

男客户：哦，我现在开的是单位的车。原来还能顺路送她上班，这不，刚买了房子，不顺路了。挤公交车实在受罪，就打算给她看看车。

赵小姐：是这样啊。张先生不但事业有成，还这么体贴人，真是模范老公啊。

两位客户相视一笑。

赵小姐：那买车以后主要是李太太开吧？不知道您以前开过什么型号的车？

女客户：哦，我以前拿他们单位的捷达练过手，时间也不长，别的就是学车的时候开过桑塔纳。

赵小姐：捷达可是一款好车，提速快，省油，空调也不错，特别皮实，不知道您开的感觉怎么样？

女客户：提速快我倒是觉不出来，就是觉得手动挡的太麻烦，特别是堵车的时候，要是赶上坡起，还是有点紧张。另外就是外形太老气，而且配置也不高，最近还老出毛病。

从以上谈话的过程可以看到，销售赵小姐先是通过询问客户需要什么饮料，为客户端茶倒水，暂时消除或放松客户的戒备心理。然后，通过询问姓名等寒暄，分散顾客的注意力。第三步，也是最重要的，寒暄中通过询问客户是否开车以及开车的感受，将话题自然地引到购车上来，变被动为主动。

## （2）寻求认同

提问若是主动出击，那么，寻求认同就相当于确认战果。销售的诀窍不在于提问如何多、如何完美，而在于求得认同。不断获取客户认同，是推销产品的关键。因为，客户认同了，销售也就差不多了。

汽车销售人员寻求认同的方式方法如下。

### ① 模仿客户

在人际交往中，模仿是一种获得认同的方式。模仿他人的行为，可以让他人看到自己熟悉的形象，容易放松戒备和警惕，甚至将模仿者视为他的朋友。因此，无论是在商场还是在外交场合，模仿行为无处不在。在销售过程中，汽车销售人员可以通过模仿客户，令客户产生难言的亲近感，好像面对的就是自己一样。而客户自然不会拒绝自己，生意就很容易成交。

### ② 认同客户

对客户表示认同，如认同客户的喜好、观点等，汽车销售人员可以让客户在销售过程中获得知己的感觉，体味到温馨，与客户营造一种"零距离"的氛围，自然也会赢得客户的认同。如：一个人最在意自己的孩子，那么你见了他，首先赞美他的孩子，他会把你当成朋友；又如一个人喜欢下围棋，你见了他首先谈围棋术语和相关新闻，或赞美他的围棋技艺，他会把你引为知己；再如一个人喜欢某位明星，如果你也是那位明星的拥戴者，就会很快获得他的认同等。客户获得他所认同的东西，自然容易反过来认同销售人员和企业。

### ③ 找寻产品与客户的相似性

在现实交易活动中，客户更倾向于购买或使用与自身身份存在相似性或一致性的企业产品或服务。如追求品质、品位的客户到一些高端百货购物，因为他们感知到个人身份与商城身份的相似性，从而产生对商城的认同。

我们知道，客户的购买心理可以改变，但要改变客户的价值观则很难。而每一件产品的价值定位，只能针对价值观相同的客户，不可能针对所有客户。所以，汽车销售人员若能通过寻找产品与客户的相似性，让客户产生强烈的认同感，销售也就水到渠成了。

## 3. 赞美客户

每个人都喜欢听好话，喜欢赞扬他们的人，尤其喜欢那些明确表达喜欢他们的人。因此，赞美人是迅速拉近交际距离的好方法。在销售活动中，要使客户相信你喜欢他们、关心他们，就必须学会赞美客户。

赞美不是谄媚，而是真诚地欣赏。只要你有办法让客户心情舒畅，客户是不会让你失望的。在赞美的促动下，我们可以让客户高谈阔论、兴高采烈，也可以更有效地跟客户讨论问题，谈论他们的喜好、思想以及感兴趣的事。通过这些，你就会知道客户喜欢什么，不喜欢什么，更精确地判断客户的需求倾向，为自己的销售活动做引导，让客户帮助你寻找到客户自身的需求。

### （1）赞美客户的方式

赞美也是一种学问。如何让客户在赞美中感受到真诚和快乐，并最终将真诚和快乐转化为对销售的助力？需要注意方式方法。

#### ① 赞美客户的显而易见的优点

赞美不是随随便便地说几句话就可以了，赞美应符合事实，要言而有据。客户区别于其他人的亮点，特别是那些显而易见的优点，如儒雅潇洒、气质非凡等，应是销售人员赞美客户的话题内容。这些亮点或优点，因为实实在在地存在于客户身上，一经点出，很有说服力，不会让人产生谄媚、献殷勤之类的不良观感。同时，能够从内心深处激起客户的共鸣，涌起"知心知己"的亲近感，快速拉近感情距离，使交流变得轻松愉快。

#### ② 赞美客户的见识

见识是一种能力，有见识说明一个人见多识广、足够明智。赞美客户的见识，这首先是对客户人生经验和才智的欣赏，是对客户内在的充分肯定。与纯粹赞美客户的优点相比，赞美客户的见识更显得亲近、真诚，也更易于切入汽车销售的情境。因为，好的见识通常表现为独到的判断力。选择什么样的车型？一方面源于客户的需求，另一方面取决于客户的判断：该车是否能满足需要？是否物超所值？赞美客户的见识，相当于巧妙地告诉客户要相信自己的判断，从心理上消除客户做决定时那种患得患失的情绪，维护愉快的销售过程。

#### ③ 赞美客户的选择

和其他消费行为一样，客户购买汽车是一系列的选择过程。选择什么渠道，是传统交易市场、汽车超市，还是品牌授权4S店？选择什么类型的汽车4S店，是宝马、奔驰，还是沃尔沃？选择什么样的车型，是小型车、紧凑型车，还是中级车？客户所做的种种选择，大多源于自身需要、购买能力或其他一些现实因素的影响。作为汽车销售人员，对于客户深思熟虑后所做的选择，应当给予热情的肯定和赞美。

### （2）赞美客户的注意事项

#### ① 发自真心，真诚地赞美

每个人都喜欢被人赞美，但只有发自真心的赞美，才能打动人。赞美的话若不真诚，则很容易给人留下言不由衷的感觉。一方面客户或许会猜疑对方在正话反说，反而从心理上产生隔阂、疏离感。另一方面，客户可能感到对方有些虚伪，进而影响到对销售人员工作的判断，不再信任销售人员。

### ② 客观赞美，不可过度热情

赞美不是空穴来风，要有根有据。若想赞美客户拉近距离，最好能找出客户的特别之处，表现出实在的欣赏态度，亦不可过度热情。否则，容易让人误以为销售人员在谄媚，在向客户献殷勤，这样效果自然不会好。

### ③ 注意态度，慎重用词

赞美要通过语言，但不仅仅表现为语言。赞美的话，若和语气、神情等不搭配，甚至截然相反，如不屑一顾的眼神、漫不经心的语气等，很难让客户感到这是在赞美他（她），好像轻视、忽悠的成分倒是多些。难免令客户反感，也许失去购买兴趣。此外，赞美一定要慎重用词，要注意场合，不是什么好话都适合脱口而出的，尤其切忌罗嗦地说个没完，令人生厌还不免口误，节外生枝。

## 三、任务实施

（1）聆听有哪些注意事项？

（2）赞美客户的方式有哪些？

# 任务二　分析客户的需求

　　了解了客户的需求后，需要对客户的需求进行认真分析。从购买动机到购买重点，最好全方位掌握。对汽车销售人员来说，越深入地挖掘客户的需求，越能够找到销售机会，才可能更多地针对客户需求进行介绍，然后更好地进行销售。

## 一、任务分析

　　如果有人问客户，为什么买手机？通常客户会说：因为沟通方便，朋友随时可以找到我；因为我需要用手机来听歌。如果进一步问客户：在那么多款手机里，为什么就选择手中这一款了呢？客户也许会说：外形好看呀，功能满足我的需要啊。上述理由其实都属于购买动机。汽车销售人员要抓住客户的需求，至少应该找到需求的来源即购买动机，找到需求的方向即购买重点。

## 二、相关知识

### 1. 购买动机

　　什么是购买动机？就是驱动人们进行购买活动的根本原因。任何消费者在采购任何产品的时候，都存在其特别的购买动机。也许有些原因是他们清楚的，浮出了水面；但也有些是他们没有意识到的，还不明了，或者意识到了也不愿意承认的原因。前者我们称为显性动机，后者称为隐性动机。

图3-2　购买动机

　　在汽车销售领域，有一个理论名为冰山理论。在这个理论里，就经常提到显性需求和隐性需求这两个概念：一个在水面以上，这是显性的部分，就是客户自己知道的、能表达出来的那一部分。还有一个在水面以下，这是隐藏的部分，就是连客户自己都不清楚的需求。例如某客户打算花十万元钱买车，可是他不知道该买什么样的车，这个时候销售人员如要很好地帮助客户解决问题，就既要了解客户的显性需求，也要了解客户的隐性需求，这样才能正确分析客户的需求，如图3-2所示。

　　作为汽车销售顾问，你是否了解来访客户的各种显性或隐性的购买动机呢？

### （1）感情动机

　　感情动机是指由人的情绪或情感所引起的购买动机。但凡人都有喜、怒、哀、乐等情绪，亦具备道德、情操、群体、观念等情感，这些都是强烈影响购买活动的感情动机。通常，情绪动机偏向于外界环境因素的突然刺激而产生的好奇、兴奋、模仿等感情所激发的购买动机。影响情绪动机的外部因素很多，如广告、展销、表演、降价等。感情动机则倾向于对商品本身的喜好所引发的购买欲望，多注重商品的外在质量，讲究包装精美、样式新颖、色彩艳丽。对商品价格不求便宜，但求适中偏高。

客户来店购车，本就是带着强烈的感情而来的。有的甚至一看到中意的车型，就欣喜不已，立马下单。对于这类客户而言，购车更多的属于个人爱好的需要。只要车型投合自身的感情，符合自己的喜好，就可以了。

## （2）理智动机

理智动机是指经过认真考虑，在理智的约束下所产生的购买动机。很多客户在进行购买活动时，不仓促、不盲目，而是要先对所购商品做一定的了解、认识。在经过一定的比较后，方才做出选择。理智动机的形成比较复杂，有一个从感情到理性的心理活动过程。

对于大多数客户来说，像汽车这样的大件商品消费，往往需要耗费比较多的时间和精力，经过理智的反复衡量、深思熟虑后，才会做出决定。而受理智支配的客户，购车时主要考虑是否经济适用、是否安全可靠以及是否具备良好的售后服务保障等。一般而言，此类客户对于购买什么样的车型，有着极为明确的主见，其购买倾向往往在来店之前就决定好了。

## （3）惠顾动机

惠顾动机是指客户出于对某家企业或某种汽车的信任和偏好而产生的购买动机，也叫信任动机。与感情和理智动机不同的是，惠顾动机表现得更为隐秘，似乎偏向感情动机，又不完全受感情支配；有点理智的影子，却不受理智掌控。通常，即便客户表现了购买倾向性，往往客户自身未必意识到。

现实中，有的人言必称"大众"、"通用"，非"宝马"、"别克"不进，这些都体现了明显的惠顾动机。

★【案例】

## 发现客户的实际需求

有一天，一位客户走进某汽车专营店。在展厅里，这位客户仔细地看了一款多功能的SUV车，该公司的销售人员热情地接待了他，并且对这位客户所感兴趣的问题也做了详细的介绍。之后，这位客户很爽快地说马上就买。他接着透露，之所以想买这款SUV车是因为他特别喜欢郊游，喜欢出去钓鱼。这是他的一个爱好，他很早以前就一直想这么做，但是因为工作忙，没时间。现在他自己开了一家公司，已经经营一段时间了，但总的来说还处于发展阶段，现在积累了一点钱，想改善一下。

当时客户和销售人员谈话的气氛比较融洽，要是按照以前的做法，销售人员不会多说，直接签合同、交定金，这个销售活动就结束了。但是这名销售人员没有这么简单地下定论，他继续与这个客户聊，通过了解客户的行业他发现了一个问题。

这位客户是做工程的，他业务的来源是他的一位客户。他的客户一到这个地方来他就去接他，而跟他一起去接他的客户的还有他的一个竞争对手。他的竞争对手有一辆北京吉普（切诺基），而这位客户过去没车。当人家开着车去接客户的时候，他只能找个干净一点的出租汽车去接。他的想法是不管接到接不到，一定要表示自己的诚意。结果，客户每次都上了他这辆出租车，没去坐那辆切诺基。这位客户也不知道其中的原因。但这名销售人员感觉到这里面肯定有问题，销售人员就试着帮助这位客户分析：为什么他的客户总是上他的出租汽车，而不上竞争对手的切诺基？

销售人员问："是因为您的客户对你们两个人厚此薄彼吗？"

他说："不是的，有的时候我的客户给竞争对手的工程比给我的还多，有的时候给他的是肉，给我的是骨头。"

这名销售人员分析以后发现，他那位客户尽管是一视同仁，但实际上他有一种虚荣心，不喜欢坐吉普车而要坐轿车，出租车毕竟是轿车。于是这位销售人员就把这种想法分析给这位客户听。

销售人员说："我认为，您现在买这辆SUV车不合适，您的客户来了以后，一辆切诺基，一辆SUV，上哪个车都脸上挂不住。以前一个是吉普，一个是出租，他会有这种感觉，毕竟出租是轿车。到那个时候万一您的客户自己打的走了，怎么办？"

这位客户想想有道理。

然后，这名销售人员又给他分析，说："我认为根据您的这个情况，您现在还不能够买SUV。您买SUV是在消费，因为您买这辆车只满足了您的个人爱好，对您的工作没有什么帮助。我建议您现在还是进行投资比较好，SUV的价格在18万到20万之间，在这种情况下我建议您还是花同样多的钱去买一辆自用车，也就是我们常说的轿车，您用新买的轿车去接您的朋友和您的客户，那不是更好吗？"

这位客户越听越有道理。他说："好吧，我听你的"。他之所以听从销售人员的建议，是因为从客户的角度来讲，销售人员不是眼睛只看着客户口袋里的钱，而是在为客户着想。他说："我做了这么多年的业务了，都是人家骗我的钱，我还没遇到过一个我买车他不卖给我，而给我介绍另外一款车的情况。还跟我说买这款车是投资，买那款车是消费，把利害关系分析给我听。这个买卖的决定权在我，我觉得你的分析有道理，确实是这种情况，按照我现在公司的水平还不具备消费的那种水平。"于是他听从这名销售人员的建议，买了一款同等价位左右的轿车，很开心地把这辆车开走了。

在开走之前，那位客户对销售人员说："非常感谢你，我差点就买了一辆我不需要的车，差点白花了这20万还不起作用。"

这名销售人员很会说话："先生，您不用对我客气，您要是谢我的话，就多介绍几个朋友来我这买车，这就是对我最大的感谢。"

这位客户说："你放心，我一定会帮你介绍的。"

果然，没过多长时间，他亲自开车带了一个朋友来找那位销售人员。经过介绍，大家一聊，销售人员不是问买什么车，而是问买什么样的车，买车做什么用，是从事哪个行业的，这几个问题一问，客户觉得这名销售人员很会为客户着想，于是又在这儿买了一辆车。

这位销售人员还是用同样的方法跟他说："您买了这辆车以后，如果觉得好就给我在外边多宣传，多美言两句。"

那位客户说："好，我们赵兄就是在你这儿买的车，我就是他介绍来的。现在我也很满意，我也会给你介绍的。"下面肯定也会有这样的事情发生，因为那位客户也有他的朋友社交圈。

半年以后，第一位客户又来找这名销售人员。他说："我找你是来圆我的那个心愿的。"

这名销售人员一听就乐了，他是来买那辆SUV的。

以客户为中心，帮助客户找到真正的需求，使这位汽车销售人员在半年之内卖了三辆车。

　　显然，如果这位销售人员像其他一些销售员那样，没有深入了解客户的购买动机，找到客户真正的需求，只是你购买我销售走流程的话，客户可能当时购买了，但回去以后发现不对，就很难再次上门购买，更不会介绍他的朋友前来购买了。所以在进行汽车销售的时候，我们不应该仅仅着眼于销售量的感性阶段，而应该深入客户需求的更高层面，要把握客户的满意度，与客户成为朋友，拉近与客户的距离，取得客户的信任，提高客户的惠顾动机。这样客户若再次买车，就会来找你，也非常愿意介绍朋友来购买。

## 2．购买重点

　　购买重点是影响客户做出最终购买决定的重要因素。如果客户的购买重点是价格，那么有关车的任何先进技术，对他来说都没有什么作用。如果客户的购买重点是地位，那么汽车销售人员谈任何优惠的价格，对他也不构成诱惑。

　　那么，如何抓住客户的购买重点？

### （1）准确把握客户的购买动机

　　客户的购买动机，决定了客户的购买重点。若客户购车只是用于代步，主要考虑是否经济适用，那些性价比较高、价格不贵的车型，自是客户的首选。若客户购车是追求享受，主要考虑是否舒适，其注意力应该落在那些乘坐舒适的车型上。若客户购车是追求名誉，主要考虑是否够面子，则眼光自然落在那些价高物美的明星车型上。由此可见，把握了客户的购买动机，差不多就可以推断出客户的购买重点，从而提供有针对性的服务。

### （2）认真发掘客户需求

　　需求指向购买方向。通常客户的需求有两种，一种是显性需求，一种是隐性需求。但对客户来说，显性需求虽然明显但显得笼统、不完整，隐性需求则更是模糊，甚至可能完全没意识到。要想抓住客户的购买重点，不但应充分了解客户自我道明的显性需求，更要发掘出客户含糊其辞或不甚明了的隐性需求。

　　比如，一个客户想要买车，他说是为了一个交通代步工具，上班可以不用挤公共汽车。可能也不错，不用挤公交确实算得上客户的一个需求。但这就是客户的主要需求了吗？如果汽车销售人员就着这个思维去销售，十有八九会失去这个客户。为什么？因为差不多所有的上班族都可能有这种想法，但是所有的上班族就得购车代步了？显然，客户这种需求的强度不够份量，绝对不足以和这个十多万的产品画一个等号，不值得。所以，如果销售人员这样介绍产品，实际上跟没做需求分析的工作效果差不多。现实卖场中，很多销售人员向客户推荐自己认为非常合适的产品，结果发现客户并不买账，其实也就是没有找到客户的真正需求，即客户的购买重点。

　　对于汽车销售来说，抓住客户的购买重点很重要。为此，必须认真发掘客户的需求，不仅仅是客户明言明语的需求，还有客户含糊其辞甚至没意识到的需求。销售人员的任务，就是将这些或明或暗的需求，发掘出来并强化它，让客户的真正需求浮出水面，最终将他们的隐含需求变为明确需求。

★【案例分析】

## 发掘客户真实的购买重点

某日，一位客户走进一家福特4S店，说要买途观车。途观车当时只剩下自动挡的，但这个客户却一定要手动挡。销售人员当时就询问这位客户：是不是因为手动挡的车价格便宜些？还是客户更喜欢加速性能？客户却说钱不是问题，只要把手动挡的车找来，即便按自动挡的价格付款也没问题。至于是否喜欢加速快感，客户表示他对此没有特殊嗜好，平常开车只讲究谨慎平稳。

听了客户的回答，接待这位客户的销售人员不免有点奇怪，为什么客户一定要手动挡的车？当时如果不能弄明白其中的原因，销售人员肯定会丢掉眼前的客户。到底是什么原因促使客户一定要这么做呢？这里面隐藏着客户真实的购买重点。显然，客户有时候不会主动说出来，而是需要销售人员去问。

销售人员："您很专业，知道手动挡和自动挡的区别。我想，选择自动挡的车一定有您特别的原因吧？"

客户："哦，谢谢您的谬赞。其实，最近一段时间我的工作变了，要用车跑很多路，而且都是盘山公路"。

销售人员："这个盘山公路用手动车怎么会帮你，是不是上坡有用呀？"

客户："上坡是一个方面，但是我更看中在下坡的时候，万一这个刹车系统失灵了，我可以用手排挡把速度降下来。"

销售人员："就是利用降挡减速？"

客户："对，刹车失灵时用手排挡强制降速。"

销售人员想不到客户之所以选择手动挡，是这么个原因，其实一般人也难以想到，但客户想的就是这些。销售人员当时面临两个选择，一是为客户调手动挡的车，否则就要放弃这个客户。二是打消客户的疑虑，让他购买自动挡的车。

若是给客户调手动挡的车，不知道什么时候才能从厂家调来，而看客户的样子，一定等不及。那么，如果不想失去这个客户，只有想办法把现有的车卖给他。

通过谈话，购买重点已经出来了，就是客户注重刹车系统失灵以后车辆的安全性。恰好一开始，销售人员忽略了对途观车自检功能的介绍。通常，也很少在前期就介绍那么细。其实，途观车的自检功能不仅检查气囊，检查ABS，还检查一般刹车油的渗漏情况。一旦发现客户有这种需要的时候，销售人员就给客户详细介绍了这款车的刹车自检系统。好到什么程度？好到只要刹车油在较短时间内下降一毫米，系统就会发出警告，告诉驾驶人刹车油的油压变化。然后销售人员告诉客户：用手排挡强制降速潜伏着危险，因为有可能在强行降挡的时候，齿轮将凸轮迸裂，直接将发动机打裂，可能发生爆炸，实际上更不安全。销售人员有针对性的解说，就是在抓住购买重点以后，从正反两方面向客户解释，一是现有的新科技如何好，二是说明过去的方法存在更大的安全隐患。

最后，在维修工程师的协助下，还让客户亲自体验了起动时自检的功能所包括的所有项目，并实际验证了刹车系统漏油时自检功能的有效性。结果，不但这个客户立马买了车，后来也为接待他的销售人员介绍了多个客户。不过就是紧紧抓住了客户的购买重点，然后从客户可以体会到的利益出发详细解释，并给予建议，自然赢得客户的信赖，促成了销售。

# 任务三　满足客户的需求

了解客户需求，分析客户需求，都是为了满足客户需求。只有让客户的需求得到满足，才能赢得客户。

## 一、任务分析

汽车需求分析就是为客户建立需求的过程，只有让客户自我意识到需求并得到满足，才算达到需求分析的目的。而本任务所阐述的，正是满足客户需求的一些建议和方法。汽车销售人员应本着"以客户为中心"的原则，本着对客户负责任的态度，提供一款适合客户需求的汽车。

## 二、相关知识

### 1. 合理化建议

汽车销售人员必须充分理解客户的利益，围绕直接针对客户需求和购买动机的相关产品特性，完全从为客户提供建议的角度介绍汽车，帮助客户选择真正符合心意、满足需求的车型。

#### （1）实用性建议

只有当客户了解到一辆车是如何符合自己的需求，客户才会认识到这辆车的价值，这样销售人员所付出的努力，才能获得客户的认可。

就具体的车型而言，销售人员首先要确认客户对汽车的需求，然后有针对性地介绍汽车的各个方面。如客户有跑长途的需要，那么就不仅要有针对性地介绍发动机的省油特征，还要介绍座位的舒适性，方向盘的高低可控，以及高速路上超车的轻易感觉等。

#### （2）可靠性建议

体现销售人员的顾问形象。"如果您的驾龄不长，我建议您安装倒车雷达，虽然又需要一笔费用，但是，相比你在倒车时由于没有经验导致的刮碰之后的维修费用还是小钱，更何况，崭新的车刮碰了也会很心疼。根据对中国驾车者的研究，只有一年驾龄的司机倒车刮碰的机会高达67%，所以，你看有一个倒车雷达是多么有帮助呀"。

#### （3）经济性建议

一辆汽车，不是一件小商品，通常购买都需要投入数万、数十万甚至上千万。这对于大多数家庭来说，都是一笔不少的开支。因此，如何更实惠地购买汽车，是很多客户重点考虑的问题。销售人员从为客户打算的角度，就经济和实用方面提出切实中肯的建议，不但让客户可以重新考量自身的购买计划，还可以令客户感受到销售人员的真诚。人们常说人与人之间要信任，但要知道，世界上没有无缘无故的信任。销售人员只有让客户感受到他们真心为客户好，才能真正地打动客户。

## ★【案例分析】

一汽大众某专卖店为了给新车开迪拓展市场，派出了一些销售员。其中一位走进了一家专做轮胎生意的批发店。

销售人员："老板啊，现在生意做得不错吧？"

客户："还好。"

销售人员："我看你这个小车挺忙的，天天往外头送货？"

客户："这倒是！好几个地方都有我的合作关系，经常要我的货，一次也就送个十条二十条的。"

销售人员："这个车看样子可是上了岁数了，油耗也高了吧？"

客户："还可以，还可以。"

销售人员："哪天可别坏在路上，要是坏在路上的话得耽误事啊！"

客户："唉，别提了，昨个不就是吗，说好了给人家送二十条轮胎，坏路上了，又修不了，那边着急啊，只能是临时又借了个车过去。最后好说歹说，老顾客了嘛，老伙伴反正挺不高兴但是也没说什么。"

销售人员："哎呀，这是问题啊老板！咱们生意人最讲究信用，您答应了人家什么时候要货什么时候送到，您这一耽误人家可不不高兴嘛！"

客户："对对对，是这么回事。"

销售人员："冒昧地问一句，平常来客了，老板也是用这辆车接待的吗？"

客户："可不是嘛。没有其他的车了嘛！这辆车看起来虽然档次低，但总比没有强嘛。"

销售人员："如果是亲近的人，没问题。但如果是业务上的伙伴，就有些问题了。"

客户挠了挠头："怎么讲？"

销售人员："比方说，和您合作的老板来咱们这边玩，您开这么个车接他们出去，好像是显得咱们这买卖做小里小气的，显得对人家不够尊重啊！你说咱们要是稍微的换一个品牌好一点的，坐着舒服点、宽敞点的，也显得您这个买卖做得大不是吗？人家看你卖邓禄普轮胎能赚到钱了，老板真有本事，他们一定也觉得我要是跟陈老板一块做邓禄普的生意，从陈老板这多进货，过两年我也能有这么大发展您说是不是？"

客户点点头，觉得有道理："那你现在给我推荐推荐，有什么样合适的没有啊？我也正想给它换了呢，挺麻烦的，就是一直没找到合适的。"

销售人员："恰好我们店里新来了一款车，就是开迪。这款车有轿车的形状，空间还很大，有货车的风范，对老板这样的情况很适合。"

客户："听起来很不错！能留个联系方式吗？改天我就去看看，到时候找你。"

然后，第二天该轮胎店老板就来到专卖店，找到了为他推介汽车的那位销售人员，一起看了开迪那款车，最后买了一辆。

在这个案例中，销售人员通过建议客户换车，以解决现实中的问题：一是老车容易出故障抛锚，影响送货以致损伤客户的商业信誉。二是换一个比较好的车，向人家展示实力和前景，聚敛人气，将生意做大做强。在销售人员这个切合需求的合理建议面前，客户自然觉得即便钱多花了一些，却能够获得这么大的利益，解决这么大的问题，很值得。

## 2．帮助客户解决疑难问题

在需求分析里，我们曾经举过一个例子，是说客户买车是因为一种个人的爱好，实际上跟解决问题不是直接挂钩，而是间接挂钩的，在此给大家举个有直接关系的例子。

### ★【案例】

一个公司的老总来到某汽车专营店，想给主管销售的副总配一辆车。他看了一款车后觉得很不错，价格方面也没问题。这时销售人员说："既然你都满意了，那我们就可以办手续了。"

这位老总说："等一下，我还得回去，我再征求一下别人的意见。"

这名销售人员就想："这个时候不能放他回去，一旦放他回去，什么事情都会发生，万一半路杀出个程咬金就会把这个客户劫走了。怎么办？"

这名销售人员就开始问他："是不是我哪个地方没有说好，我哪个地方介绍得不够，还是我的服务不好？"这个地方销售人员运用了心理学。

客户老总一听这位销售人员讲这样的话，就说："跟你没关系，你介绍得很好，主要是因为这个车不是我开，是给我的一个销售副总配的，我也不知道他喜欢不喜欢这个车。"

后来销售人员又深入了解了情况，发现那位销售副总是新拿的驾照，驾车技术也不是太好，但从事销售工作业务很多，电话也很多。所以他就跟这位老总说："我觉得给你推荐这款车很合适，这款车是自动挡的，在电话多的情况下不用换挡，接电话、遇红灯时，踩刹车就可以了，车也不会熄火。"

这位老总一听："真的吗？"其实，他也不会开车，销售人员到后面开出一辆自动挡车，让他坐上去亲身体验一下。

销售人员说："你看，前面有红灯了，你又在接电话，你踩刹车，看这辆车会不会熄火？"

他一踩刹车，车停下来了，没有熄火；刹车一松，车又继续往前走了。客户说："这辆车不错，我要的就是这款车。"

这就是帮助客户解决疑难问题，客户的问题解决了，交易也就达成了。

# 项目四　车辆的展示与介绍

车辆展示与介绍，就是将车辆置于展厅，然后由销售人员按图索骥地进行介绍。通常，车辆展示着重于表现车辆的外观、内饰等造型特征，车辆介绍则着力于介绍车辆特点、性能等功能特征。车辆的展示与介绍是销售汽车的关键环节。有资料显示，在展示过程中做出购买决策的客户占到最终购买的74%。但同时，没有采购的客户的主要决定时间也是在汽车展示与介绍的过程中。在该过程中，客户通常会努力收集供其决策使用的信息，包括销售人员的专业水平、销售人员的可信任度以及产品符合内心真实需求的匹配程度。

## 〔 任务一　车辆展示 〕

车辆展示就是指将汽车放到一个固定的地方进行的展览，如车展。其中包括一些有关汽车详细资料的说明和特点。

### ◐ 一、任务分析

对车辆展示，有些汽车销售商并不重视，认为只要将车辆大概地清洁一下，然后往展厅里一放就可以了。事实上，车辆展示很注重细节。不论是车辆摆放的位置，还是展车的卫生情况，都应认真对待，做到规范美观、整洁有序。

### ◐ 二、相关知识

#### 1. 车辆展示前的准备

车辆展示前，应对涉及展示的方方面面做好充足的准备，如展厅的布置、展车的准备等。准备的目的，就是要营造良好的购车环境，激发客户的购车欲望，如图4-1所示。

图4-1　车辆展示

##### （1）展厅准备

展厅即车辆展示的区域，由车辆展示区、业务洽谈区、客户接待台和卫生间等组成。有的展厅还设置有儿童游乐区，供到访客户携带的孩童玩乐休息。

整个展区的布置，要求干净整洁、敞亮舒适。此外，相关标识应清晰明确，各展示牌应整齐到位，光线明亮，温度适宜。

### ① 车辆展示区

车辆展示区的安排，诸如展车的空间位置、展示面积以及彼此之间的距离等，须参照"展示布置规范示意图"执行。从视觉冲击力的角度，最好让车辆展示区处于关键、显眼的视觉中心位置。

每辆展车的旁边（一般是位于展车驾驶位的右前方），应设有汽车车型说明架。在说明架上，应摆放与展示车型相一致的产品资料，如车型配置一览表、汽车说明书或车型宣传册等。

### ② 业务洽谈区

业务洽谈区是供销售人员与客户洽谈交流的场所。布置要求：业务洽谈区应设有杂志架，摆设相关车型的宣传资料；桌面上要备有烟灰缸，每次客户走后应立即将用过的烟灰缸清理干净；须摆放绿色盆栽植物，保持生机盎然的氛围；须配有大屏幕彩电、影碟等视听设备，播放汽车广告宣传片或专题片；此外，沙发、茶几等物件，应摆放整齐并保持清洁。

### ③ 客户接待台

客户接待台即负责来访客户的接待与咨询的地方。布置要求：客户接待台应保持干净整洁，台面上不可以放置任何杂物，各种文件、名片、资料等物品整齐有序地摆放在台面下，不宜放置与工作无关的报纸、书刊等杂物；接待处的电话、电脑等设备应保持良好的可使用状态。

### ④ 卫生间

布置要求：卫生间应有明确、标准的标识牌指引，男女标识易于区分；卫生间的地面、墙面、洗手台等部分应保持清洁，有专人负责卫生打扫并由专人负责检查与记录；卫生间内应采用自动喷洒香水的喷洒器，确保干净无异味；卫生间内的相应位置应随时备有充足的卫生纸，各隔间内设有衣帽钩；卫生间的洗手处须有洗手液、烘干机、擦手纸、绿色的盆栽等物品，洗手台上不可有积水或其他杂物。

### ⑤ 儿童游乐区

儿童游乐区是供到访客户携带的孩童玩乐休息的场所。布置要求：应有专人负责儿童活动时的看护工作（建议为女性）；不宜离展车、电视、楼梯等距离太近，但能使展厅内的客户看到儿童的活动情况；游乐区内应准备一些有新意的儿童玩具，所用的儿童玩具应符合国家相关的安全标准要求，应由相对柔软的材料制作而成，不许采用坚硬锐利的物品作为儿童玩具，如图4-2所示。

## （2）展车准备

展车即用来展示介绍的车型，它是整个销售展厅最重要的部分。通常，根据展厅的规模大小，应停放相应数量的展车，并确保展车内外整洁靓丽。

图4-2　儿童乐园

### ① 从车外来说

● 展车要经过清洗、打蜡处理，确保车身清洁卫生，无手纹、无水痕，尤其是车门把手处。

●轮胎应清洗、上光，轮胎导水槽内要保持清洁、无异物。各轮胎内侧护板要刷洗干净，无污渍。车辆轮毂中间的品牌标志，应与地面成水平状态。可在轮胎下方放置标准的车轮垫板，位置准确，图标正立。

●车辆前后方安装牌照的地方，须配备标准的车铭牌。

●展车左右对应的车窗玻璃升降的高度应保持一致，车身上不能摆放价格板、车型说明、宣传资料等其他非装饰性物品。

●除特殊要求外，展车的车门要保持不被上锁的状态，可供客户随时进入车内。

### ② 从车内来说

●汽车发动机舱的可见部分、可接触部位等应清洗、擦拭干净，挡风玻璃及其下沿塑料件结合部无灰尘。

●去除座椅、方向盘、后视镜、遮阳板上的塑料保护套，并调整好方向盘、后视镜等的位置。

●前排座椅调整到适当的距离，且前排两个座位从侧面看必须是一致的，不能一个在前、一个在后，而且座位与方向盘之间要有一个适当的角度，以方便客户进出。

●车厢内部要保持清洁，中央扶手箱、手套箱、车门内侧杂物箱及前后座椅靠背的物品袋内，不能存放任何杂物。

●将仪表盘上的时钟调教到标准的北京时间，确认各功能开关处于合适的位置并试用。如空调出风口在空调打开后，应有风。

●预设一到两个收音机功能范围内的频道，且将左右喇叭声道、音量调好。同时，配备CD试音碟或VCD碟片供随时播放。

●展车里放一些带品牌标志的脚垫，并注意标志的方向，一定要朝前、放正，脏了应及时更换。

●后备厢整洁有序、无杂物，安全警示牌应放在后备厢的正中间。

●所有电器开关应置于关闭状态，并保证蓄电池电量充足。

## 2. 车辆展示的要点

图4-3 着装

车辆展示，并不是将车摆放在展厅里就可以了。就像模特走台，总是力图展示服装最好最美的一面。要想做好车辆展示，也有一系列注意事项，如图4-3所示。

### （1）展示的要点

对车辆展示，最重要的就是进行规范的管理。它可以用八个字概括，即整理、整顿、清理、清洁。在规范管理的原则下，车辆展示的要点如下。

### ① 注意车辆展示的目的

在展厅展示车辆，是为了谁？显然是方便客户查看、观摩。因此，一定要方便客户的参观与操作。

### ② 注意车辆的颜色搭配

展示区域的车辆不可能只有一辆车，自然不能只有一种颜色。展示时将几种颜色搭配起来，效果会更好一些。

### ③ 注意车辆型号的搭配

同一个品牌的车，可能有不同的系列，有的车从小到大，有的车带天窗，有的车没有天窗，不同型号的车都应搭配展示。

### ④ 要注意车辆摆放的角度

展车如何摆放？一是要切合展厅现场的具体环境，与周围车辆相得益彰；二是要符合最佳视角下的审美情趣，吸引客户的注意力。

### ⑤ 要有一辆重点推出的车

一般来讲，小的展厅能放三四台车，大一点的话可能会放得更多。在这些车当中，型号、颜色各不相同，有些还是属于旗舰的主要车型。那摆了这么多的车辆，就应有一款重点推出的车型，并将其置于整个展厅最显眼的位置。如有些4S店会把一些须特别展示的车辆放在一个特别的展台上，让其他的展车环绕在周围。有时甚至打出一些灯光，凸现这辆车的特色。

## （2）执行的标准

光有车辆展示的要点还不够，还要制定出一些具体的执行标准，以确保车辆展示的要点落实到位。

### ① 第一个标准：按规定摆放车辆的车型说明架

关于汽车车型说明架的摆放位置，很多汽车公司甚至包括4S店，都做得不是很规范。说明架摆的位置很随意，不是放在车的左边，就是放在车的右边，有时在前，有时又在后，还有时在侧面，可以说与展车位置乃至整个展厅布局没有协调一致。

### ② 第二个标准：展车的卫生情况

展车应始终保持清洁，无手纹、尘土等污渍。当客户赏车离开后，所造成的手印、指纹，应快速清理。若座椅移动过，要归位。展车具体的卫生标准如下所示。

#### ● 指纹

车辆油漆的光洁度非常高，特别是车门把手上面，都是比较亮的镀铬，只要手触摸到门把手或车身，就会留下指纹。因此，销售人员随时随地要保持展车的规范清洁性。

#### ● 水痕

展车当然不应该有水的痕迹。有的4S店会在车辆进展厅之前先用水冲一冲，洗一洗，然后用专用的抹布将车擦干。但是有时候夹缝里或一些地方会有一些水珠流出来，这些都是不允许的。

#### ● 灰尘

车身内外，包括车窗玻璃、发动机舱，甚至排气管，凡是视线范围内的位置都不允许有灰尘。比如排气管，有的客户喜欢看底盘是高还是低，这时就能够看到排气管，若看到很多灰尘，感觉可想而知。有的销售展厅对清除灰尘不遗余力，检查的时候还会把手伸到排气管里面。

### ③ 第三个标准：细节

#### ● 轮毂上的品牌

一般在轮毂上，都会有车的品牌标志。当车停稳以后，轮毂上的品牌按标准要求，应该与地面呈水平状态。

### ●轮胎

将轮胎清洗干净后，还要美容一下，如用专用上光剂为轮胎上光护理。轮胎的下方应使用垫板，很专业的汽车公司都把自己专营汽车的标志印在垫板上，这样会给客户一个整体的良好感觉。

轮胎上的导水槽也要清洁，因为车是从展厅外面开进来的，难免会在导水槽里面卡住一些石子等杂物，有碍观瞻。

### ●座位的距离

前排座位应调整到适当的距离，且从侧面看，两个座位的高度、靠背角度必须一致，不能一个前一个后，也不能一个靠背倾斜角度大，一个靠背倾斜角度小。此外，座位与方向盘也要有一个适当的距离，以方便客户进出。若太近了，客户不但坐进去不方便，还会认为车的空间小。

### ●新车的塑料保护套

新车出厂的时候，在座椅、方向盘、后视镜及遮阳板等部件上面，都会套有塑料保护套，有些也用塑料袋套起来，这些在展示的时候都应拿掉。

### ●后视镜

配合驾驶座位置，车内与车外后视镜必须调整到合适位置，确保坐在车里能自然地看到车辆两边和后方位置。

### ●方向盘

最好将方向盘调到最高位置。如果方向盘太低，客户坐进去后会感觉局促，从而认为车辆的空间太小。

### ●空调的出风口

要试一下空调的出风口，保证空调打开后有风。

### ●收音机

一般收音机有五到六个台，都应调试出来。同时，必须保证有一个当地的交通台和一个当地的文艺台，这是一个严格的考核指标。

### ●音响

首先是喇叭左右声道，应调成平衡。其次是音量，不能够设定得太大，也不能设定得过小。最后，配一些光盘，保管在专门的地方。当客户要试音响的时候，你可以去问客户需要什么样的音乐，那个时候取来不同的碟片给客户欣赏。当然最好选择能体现音响音质的CD，如选一个节奏感特别强的碟片，人都会随之振动，也会情不自禁地参与，感觉和感情就调动起来了。当客户对音乐没有什么特别爱好的时候，你拿出一个最能够表现汽车音响的碟片就可以了。

### ●安全带

展车里的安全带通常是很多工作人员忽略的部分，特别是后排座的安全带，有时候全散落在座位上，这是不允许的。必须把这些安全带折好以后用一个橡皮筋扎起来，塞到后座和座位中间的缝儿里面，并留一半在外面。这些都传递给客户一个信号：我们这里管理规范，值得信赖。

### ●脚垫

一般展车里面都会放一些脚垫，这是防止客户鞋上沾灰落入展车里。每一个4S店都会事先制作好脚垫，且脚垫上应有相应品牌的标志。摆放的时候，应注意品牌标志的方向。一旦脚垫脏了，要及时更换。

**●后备厢**

展车的后备厢，除了备胎、警示牌、灭火器等必备物品外，不应放置过多的物品，且放置时要合理地安排物品位置，并摆放端正。

**●蓄电池**

注意检查蓄电池的电量。因展车放置时间过长，蓄电池容易亏电，所以必须保证蓄电池电量充足，以免出现车辆某些功能演示不了的尴尬。

## 三、任务实施

根据所学的知识，设计一份展示准备要点的规划书，并简要说明原因。

# 任务二 绕车介绍

绕车介绍，指的是围绕车辆一圈，依次介绍车辆各部件组成、特性以及功能等。绕车介绍最常用的方法，就是六方位绕车介绍法。

## ◑ 一、任务分析

针对客户的产品介绍，应着重介绍那些直接迎合客户购买需求的特性与好处，以建立客户的信任感。销售人员只有通过直接传达那些针对客户需求和购买动机的相关产品特性，帮助客户了解一辆车如何符合其需求，客户才会认识到这辆车的价值，加大购买期望。

## ◑ 二、相关知识

### 1. 六方位绕车介绍法

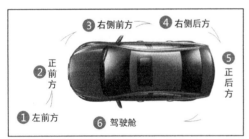

图4-4 六方位绕车介绍

在向客户进行新车介绍时，大多数展厅采用"六方位绕车介绍法"。这是一种较为全面、标准规范的展示方式。通过对汽车六个部位的依次介绍，有助于销售人员有条不紊地把握汽车讲解的具体内容，以及向客户更全面地介绍汽车最主要的特征和好处。但这种方法也有一定的局限性，它更适合中型以上的车辆。而对于较小的车辆，销售人员可以根据情况缩减为五方位甚至更少，如图4-4所示。

#### （1）六方位绕车介绍的流程

六方位绕车介绍法，通常由销售人员围绕汽车的左前方、正前方、右侧前方、右侧后方、正后方以及驾驶舱六个方位逐一介绍汽车。不过，汽车销售人员可以根据具体的车辆情况，来调整汽车展示的标准流程和环节。

##### ① 左前方

注重描述汽车的整体品质、尺寸大小和造型设计特点。如汽车的整车造型圆润、饱满、简洁、线条流畅、富有现代感。在整车性能方面，该车动力强劲、操控灵活、行驶稳定、驾驶趣味十足。在尺寸方面，该车在同规格车型中领先偏上，显得大气、沉稳。介绍时，汽车销售人员应面带微笑，得体地运用手势，对车辆的总体情况进行简单概括。

##### ② 正前方

这是客户最感兴趣的方位，可注重描述发动机的特点和动力性能。当汽车销售人员和客户并排站在汽车的正前方时，销售人员可引导客户察看汽车标志、保险杠、前车灯、前挡风玻璃、雨刮设备等部位，还可以打开发动机舱盖，依次向客户介绍发动机的布置形式、发动机的技术特点、百公里油耗、舱盖的吸能性和降噪性等特点。销售人员这时候的所有努力归结到一点，就是如何让客户喜欢上这辆车。

### ③ 右侧前方

这个方位，注重让客户感受车辆的安全性。无可置疑，客户最关心车的安全，诸如车辆的车身构造、车门的侧面防撞钢梁以及安全气囊等保护措施，都是客户非常在意的安全问题。为此，汽车销售人员应向客户详细介绍车身的制造工艺，如不等厚钢板、激光焊接、空腔注蜡、车身衔接处零间隙、底部装甲等工艺。此外，对整车的油漆质量，如靓丽、平滑、耐刮擦等，也可适当介绍一二。

### ④ 右侧后方

主要介绍后排座的空间和舒适性，注重让客户感受后排空间大小、安全带使用以及座椅折叠等特点。在介绍过程中，若客户想进入车内体验一下，销售人员应采用蹲姿或坐到后排客户旁边讲解介绍。

### ⑤ 正后方

这个方位重点介绍车辆尾部造型特点以及行李厢空间布局、大小等特征，注重描述行李厢空间布局、尾部附件特点、排放环保的特性等方面的内容。如尾灯的形状规则和组合方式，显示出别具一格的尾灯设计；而后车窗刮水器和加热装置的存在，提高了行车安全；此外，倒车雷达可有效探测车后障碍物；后保险杠与车身一体化，既美观又安全；行李厢容量超大，安全储藏备胎且不多占空间等。

### ⑥ 驾驶舱

这个位置主要介绍乘坐的舒适性和操控的便利性，注重描述车辆安全舒适、操控灵活等特性。又因为驾驶座四周满布汽车按键，汽车仪表也美轮美奂，也可略为提及汽车的科技感。介绍时，汽车销售人员可以先将驾驶座向后调，以方便客户进出。然后，请客户进入驾驶舱。需要介绍的内容：一是座椅和方向盘，如座椅的包裹性、硬度、调整方向和调整距离，方向盘的触摸感觉、调整方式等。二是仪表，如仪表的布局、色彩、清晰度等。三是按键与配置，凸显安全、舒适和使用便利等热点。四是储物空间，如储物格的数量和布局、手套箱的位置和空间大小等。

## （2）六方位绕车介绍法的注意事项

在运用"六方位绕车介绍法"向客户介绍汽车时，汽车销售人员应熟悉各个不同位置的阐述信息，以及对应的汽车特征所带给客户的利益，将汽车的特点与客户的需求结合起来。通常，客户最感兴趣的位置是驾驶座，汽车销售人员应对此着重介绍。

①自始自终，应面带微笑，使用得体的手势将客户引导到相关方位。移动时，要注意走位，以免与客户撞在一起。

②介绍时，要始终铭记客户才是主角，是服务的中心。因此，眼睛应面向客户，而不是看车不望人。

③介绍过程中，应积极寻求客户的参与。如鼓励客户动手验证某些部件功能，挑起客户的好奇心以鼓励客户提问等。

④从客户最想知道的方位开始介绍，并不断询求客户认同。介绍时，注意观察客户的聆听兴趣，若发觉客户不感兴趣，要试探性提问，找出客户的需求，再继续依客户的兴趣提供介绍。

⑤一边介绍，一边留意客户通过语言或行为表现出来的购买信号。若介绍过程中发现客户已经认同产品时，即可停止介绍，设法引导客户进入试乘试驾或条件商谈的阶段。

## 2. 车辆性能介绍

有时候，客户希望全方位了解汽车的性能，以作为他们购买决策的依据。通常，这些性能主要包括造型与美观、动力性、操控稳定性、燃油经济性、安全性、舒适性以及超值表现等。

### （1）造型与美观

客户欣赏一辆车，首先看到的自然是车辆的外形。可以说，车辆的外部造型与美观程度，是打动客户极为重要的"第一印象"。很难想象，外观不讨客户欢心的车型能够获得客户的青睐。

#### ① 造型

汽车造型是整车结构、性能、工艺、艺术造型等多方面有机结合的产物。现代的汽车造型，绝大多数属于流线型风格。与方形、船型等风格相比，流线型的汽车能有效降低风阻，减少油耗，提高速度。可以预见，随着汽车技术的发展和个性化消费时代的到来，未来车身的造型将更加平滑、流畅，富有个性。

汽车造型既是科学又是艺术。不同的造型，既能符合个性定位的需要，又可以给人在视觉和触觉上造成不同的感受，从而形成丰富多彩的风格和情趣。造型的主要目的，就是体现实用性、功能的科学性。对不同用途和结构的汽车而言，其造型形象也各不相同，是其独特性格的体现。如一般轿车线条圆润，SUV线条刚毅等。汽车销售人员对所售汽车的造型特点，应深入分析，在向客户介绍时将其尽量融入客户的喜好中。

#### ② 美观

与造型相比，美观更突出心理上的观感。或激烈浪漫，或古典含蓄，或粗犷豪放，都是车型外观在主观上的折射。可以说一辆汽车，客户既关心性能和价格，也关心视觉效果的美观程度。从某种意义上讲，客户内心的这种美观感受强烈影响着客户的购买倾向，甚至一眼即决。

当然，因审美趣味各不相同，客户对车辆美观与否的看法也大相径庭，甚至背道而驰。如有的人喜欢美国车的自由、霸气，有的人喜欢日本车的轻巧、简洁，还有的人喜欢德国车的严谨、挺拔等。喜好虽然不同，但无一例外的是对美的追求，这是不变的。汽车销售人员在介绍车辆时，应有意识地突出汽车外形所带来的感官美，以吸引客户的注意，激发其购买欲望。

### （2）动力性

汽车动力性，是汽车性能中最基本、最重要的性能。对某些客户而言，动力性是他们选择汽车的主要标准。那么，汽车的动力性有哪些重要的评价指标呢？

#### ① 最高车速

最高车速是衡量汽车动力性的主要指标。对于一般轿车来说，若最高车速比较高，就可以认为其动力性比较好。虽然说，现实中行车根本不可能以最高速度行驶，但针对那些强调动力性的客户，汽车销售人员可以将最高车速作为介绍动力性的一个依据。

## ★【看一看】

### 有关最高速度的一些总结

● 发动机排量越大，汽车的最高车速越高。
● 配置相同发动机的前提下，手动挡比自动挡车速更高。
● 发动机排量相同的情况下，车身越小，最高车速越高。
● 虽然SUV配置的发动机排量较大，但与配备相同发动机排量的轿车相比，最高车速要低。

### ② 加速能力

汽车的加速能力，是指汽车在行驶中迅速增加行驶速度的能力。相比最高车速，汽车的加速性能是衡量汽车动力性更好的指标。加速能力包括两个方面，即原地起步加速性和超车加速性。因起步加速性与超车加速性的性能同步，所以起步加速性能良好的汽车，超车加速性也一样好。

汽车的加速能力，通常用加速时间来表示。如从静止加速到60或100千米/小时，所需的时间长短就代表了加速能力的优劣。

### ③ 爬坡能力

汽车的爬坡能力，是指汽车在良好的路面上，以1挡行驶所能爬行的最大坡度。对越野汽车来说，爬坡能力是一个相当重要的指标，一般要求能够通过不小于60%或30%的坡路。而对载货汽车，要求有30%左右的爬坡能力。因一般轿车的车速较高，且经常在状况较好的道路上行驶，所以不强调轿车的爬坡能力，一般爬坡能力在20%左右即可。

## ★【看一看】

### 最大爬坡度的计算

如图4-5所示，$i$代表车辆的爬坡度，$h$代表坡道的高度，$s$代表坡道的纵深长度，$\alpha$代表坡度。因此，汽车的最大爬坡度可用公式：$i_{max}=\tan\alpha=\dfrac{h}{s}$ 计算得出，如图4-5所示。

以下是一些SUV车型的最大爬坡度。

切诺基：30%。
通用开拓者：50%。
长丰猎豹：70%。
帕杰罗：70%。
陆虎：100%。
陆地巡洋舰：100%。

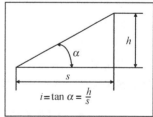

图4-5 爬坡能力

## （3）操控稳定性

汽车的操控稳定性，是指汽车能按照驾驶人通过转向系及转向车轮给定的方向（直线或转弯）行驶，即便受到外界干扰（如道路不平、侧风、货物或乘客偏载时），汽车仍能抵抗干扰而保持稳定行驶的性能。

汽车的操控稳定性不仅影响到汽车驾驶的操纵方便程度，而且也是决定高速汽车安全行驶的重要性能指标，甚至被称为"高速车辆的生命线"。因此，汽车的操控稳定性日益受到重视，成为客户选择车辆的主要标准之一。影响汽车操控稳定性的因素较多，主要表现在转向性能、过弯能力、直线行驶能力以及极限行驶性能等方面。

### ① 转向性能

人们常用"精准、轻便"来赞扬某款车的转向系统，也用"方向太贼"或"反应迟钝"等表达自己对某款车转向系统的看法。之所以如此看重汽车的转向性能，是因为转向系统直接关乎到车辆的行驶安全与操控性能。

客户对汽车外形或有不同口味，对动力性的要求也各不相同，但对转向系统无不希望其精准有效、如同臂使。

### ② 过弯能力

过弯能力即汽车通过弯道的能力。不同的车，过弯能力各不相同。如质量重的车就比质量轻的车过弯能力强，底盘硬实的车就比底盘单薄的车过弯能力强，有车身稳定控制系统（ESP）的车更能有效提升车辆的过弯能力。此外，车辆内、外轮差的大小，对汽车的过弯能力也有影响。

很多喜欢驾驶乐趣的客户，都希望以更快的速度通过弯道，从中得到汽车驾驶的乐趣。针对这类客户，汽车销售人员一方面要熟悉所售车辆的性能，主动介绍车辆在过弯方面的优良特性。另一方面，提醒客户不要片面注重高速过弯能力，传达安全驾驶的理念。主动友好的人文关怀，能够拉近与客户的距离，方便交流。

### ③ 直线行驶能力

方向不稳、四轮定位不准等，都会影响汽车的直线行驶能力。性能优良的汽车，绝不会在直线行驶这样简单的行驶条件下出问题。反之，如果车辆还未销售出去，没有受到人为因素的影响，就存在直线行驶不正常的现象，那就涉及汽车品质的问题。

### ④ 极限行驶性能

极速行驶，极速过弯，瞬间刹停等，这是很多好莱坞大片里的场景，表现的恰好是汽车的极限行驶性能。

对某些人来说，如赛车手，极限行驶性能的高低，往往代表了驾驶乐趣的高低。但并不是所有的人都需要，它只是说明了车辆性能所能达到的高度。通常，客户询求极限行驶性能，并不意味着他们想要尝试，只是普遍求高求全的心态驱动所致。

## （4）燃油经济性

汽车的经济性指标，主要由耗油量来表示，是汽车使用性能中重要的性能。耗油量参数是指汽车行驶百公里所消耗的燃油量（以"升"为计量单位）。在我国，这些指标是汽车制造厂根据国家规定的试验标准，通过样车测试得出来的。通常，油耗包括等速百公里油耗和循环油耗。

### ① 等速百公里油耗

等速百公里油耗，是指在平坦硬实的路面上，汽车用最高挡分别以不同车速等速行驶一段路程，往返一次取平均值，记录下油耗量，即可获得不同车速下汽车的百公里耗油量。若将每个车速段的耗油量用点连起来，就发现是一条开口向上的抛物线，最低点就是耗油量最低的车速段，也就是"经济车速"。一些厂家以这个经济车速做为耗油量参数，实际上作为参考值而已，因为在现实行车环境中，一般用户很难做得到。

### ② 循环油耗

循环油耗，是指在一段指定的典型路段内，汽车以等速、加速和减速三种工况行驶时的耗油量。有些还要计入起动和怠速等工况的耗油量，然后折算成百公里耗油量。一般而言，循环油耗与等速百公里油耗（指定车速）加权平均取得综合油耗值，就比较客观地反映了汽车的耗油量。一些汽车技术性能表上将循环油耗标注为"城市油耗"，而将等速百公里油耗标注为"等速油耗"。

欧洲车的耗油量表示方法与我国相同，数值越小，燃油经济性越好。但它的耗油量测定分为三部分，分别是模拟城市内行驶工况的"城市行驶循环"、90千米／小时和120千米／小时的等速行驶。因此，一般欧洲车的耗油量都有这三个参数。

## （5）安全性

汽车安全性，主要指汽车行驶的安全性，即汽车以最小的交通事故概率和最少的公害适应使用条件的能力。

汽车安全性标准项目包括主动安全性、被动安全性和其他安全性。

### ① 主动安全性

汽车的主动安全性，是指汽车本身防止或减少道路交通事故发生的性能。一般表现在：一是保证驾驶人有良好的视野。如风挡玻璃的品质和安装要求，汽车后视镜的安装要求及性能，风窗玻璃的除霜、除雾功能，刮水器、洗涤器的功能等。二是保证良好的操控性能。如精准的转向系统、加速控制系统、制动系统以及优良的汽车喇叭性能等。三是可靠的各种照明和信号装置。如各信号装置的性能要求，前照灯、雾灯、倒车灯、转向灯、制动灯和示廓灯的位置及要求等。四是方便舒适的驾驶人工作条件。如操作元件的人机特性，舒适合体的坐椅，良好的噪声、温度和通风条件，统一易辨的各操纵件、指示器和信号装置使用的图形标志等。

### ② 被动安全性

汽车的被动安全性，即发生事故时的安全性，是指汽车发生交通事故后，减轻乘员和行人伤亡、减少车辆损失的结构性能。根据作用的部位，被动安全性又可分为汽车内部被动安全性和汽车外部被动安全性。

汽车被动安全性表现在：一是足够的驾驶舱、车身结构刚度，特别是轿车的侧门强度，以防止正面、侧面撞击。二是汽车座椅系统的安全性，包括座椅强度、安全带强度、安全带固定点的强度以及座椅头枕的支撑性能等。它们的作用，在于保证撞车时能吸收乘员的能量，减轻乘员伤亡。三是汽车（特别是轿车）内外凸出物的要求。四是设置汽车和挂车的侧面、后下部防护装置，主要用来防止车辆行驶过程中，其他人、车、动物等发生撞击，造成事故。五是配备了安全气囊，当碰撞发生后，气囊瞬间打开使乘员扑到气垫上，以缓和冲击并吸收碰撞能量，减轻乘员受伤害程度。六是配备汽车安全玻璃，以防撞击后玻璃破碎伤人。

### ③ 其他安全性

汽车的其他安全，包括车身防盗、发动机防盗、音响防盗等功能。这些都是不涉及人身安全的部分，但对客户来说，这些汽车防盗措施都是很好的省心功能。

## （6）舒适性

汽车舒适性，是指为乘员提供舒适愉快的乘坐环境和方便稳当的操作条件的性能。汽车舒适性是现代汽车高速高效特征的一个重要性能，主要包括平顺性、噪声控制、空气调节性能、乘坐环境及驾驶操作性能等。

### ① 汽车平顺性

汽车平顺性，就是保持汽车在行驶过程中乘员所处的振动环境具有一定舒适度的性能。对于载货汽车，还包括保持货物完好的性能。影响汽车平顺性的因素，主要是汽车行驶过程中因路面不平等激起的汽车振动。这种振动影响人的舒适、工作效率和身体健康，并影响所运货物的完好。此外，振动还在汽车上产生动载荷，加速零件磨损，导致疲劳失效。因此，减少汽车振动是提高汽车平顺性的关键。

轮胎、悬架结构、非悬挂质量（即车轮车轴的质量）等都是影响汽车平顺性的重要因素。因此，对希望汽车平顺舒适的客户来说，就可以选择悬架、轮胎较软或非悬挂质量小的车型。

### ② 噪声控制

汽车行驶过程中，有各种各样的噪声源。如发动机、变速器、驱动桥、传动轴、车厢、玻璃窗、轮胎、喇叭、音响等，都会产生噪声。但噪声的主要来源只有两个，一是发动机，二是轮胎。它们的噪声都是被动发生，即只要汽车行驶就会出现。

针对好静的客户，汽车销售人员应该投其所好，重点推介那些发动机工作声音低、轮胎降噪特性好的车型。

### ③ 汽车空气调节性能

空气调节性能，是指对车内空气的温度、湿度和粉尘浓度实现控制调节，使车内空气经常保持在令人舒适的状态。汽车空气调节包括制冷、采暖、通风、除霜、空气净化等内容，这与一般空气调节系统没有什么本质区别。但由于汽车是一种"移动物体"，使用条件变化多端，因而要求汽车空气调节系统具有更高的性能。

汽车空调是满足空气调节需要的利器。就具体的车型来说，其空调风速挡位的数量、进排气孔的位置、采暖制冷性能的强弱等，都关系到行车时驾驶人身体的舒适程度。

### ④汽车乘坐环境及驾驶操作性能

汽车的乘坐环境及驾驶操作性能，是指乘坐空间大小、座椅及操纵件的布置、车内装饰形式、仪表信号设备的设计布局等。如何为车内乘员提供舒适的乘坐环境，减轻疲劳感，同时保证驾驶人易于操作和接受信息，确保长时间安全行驶，这都需要有良好的乘坐环境和便捷的驾驶操作设计。

座椅的特性、操纵部件的形式、汽车按键的布局以及车辆隔音降噪的性能等，都是衡量汽车乘坐环境和驾驶操作性能好坏的重要标准。

# 任务三　车辆介绍的技巧与方法

在现实卖场中，汽车销售人员尽管做了最大的努力，介绍汽车滔滔不绝，最终却没有打动客户。出现这种尴尬局面，或许源于客户的谨慎，但销售人员缺少方法和技巧，也是不可忽视的重要原因。

## ● 一、任务分析

无论是世界顶尖的豪华汽车，还是中低档次的汽车，每一款汽车都有无法比拟的独特之处。作为汽车销售人员，不仅要了解这些独特的地方是什么，更要清楚明白这个独特性对于客户意味着什么。销售人员在介绍车辆时，应学会站在客户的角度考虑问题，必须经常不断地替客户发问："你介绍的这个功能和优点跟我有什么关系？对我有什么好处？"车辆介绍的方法和技巧，就是如何展现客户最想知道和最有用的部分，调动客户的购买热情。

## ● 二、相关知识

### 1. 车辆介绍的原则

对销售来讲，车辆介绍是很关键的步骤。通过这一步骤，汽车销售人员不仅要用自己的专业知识，激发客户的购买兴趣；还要建立客户对产品和销售人员的信任。但通常给予汽车销售人员的时间却不多。如何在有限的时间内将客户的关注点转化为购买点？掌握一系列车辆介绍的原则很重要。

#### （1）熟悉产品，充分准备

不打无准备之仗。与一般商品相比，汽车构造复杂、科技感十足，相关知识专业性较强，要想将车辆介绍讲得深入浅出、产生购买力，不是随便哪个汽车销售人员随随便便就能做好的。针对车辆介绍环节，销售人员首要的诀窍，就是做好充分的准备。不但要了解产品，还得熟悉市场，熟悉竞争对手的情况。然后，通过有效得当的方法，唤起客户的需求。

##### ① 了解产品

一次成功的销售，与销售人员对本产品以及本行业专业知识的掌握情况直接相关。只有熟练掌握有关产品知识，才能准确客观地将所售产品与行业内竞争对手的产品进行对比，找出优势和劣势，从而在产品介绍过程中扬长避短、突出优势。

相关的产品知识包括：一是产品的性能、品质、使用材料、制造方法、重要零部件和专利技术等硬件特性，二是产品的设计风格、色彩、流行性、气质形象等软件特性，三是产品的用途、操作方法、安全设计等使用方面的问题，四是产品的购买程序、维修条件、付款方式、保修年限等交易方面的内容。

### ② 熟悉市场

基于市场竞争的存在，汽车销售人员还要熟悉市场。如竞争产品的变化、市场行情的变动、市场的交易习惯、客户的购买喜好以及有关汽车行业的法律法规变化等知识。通过对整个市场环境的了解，才能清晰掌握所售产品的市场位置、优劣所在，以便在产品展示中把握重点、趋利避害。

### ③ 掌握方法，手握利器

凡事都得讲究方法，销售活动更是如此。汽车销售人员不但要熟练掌握"六方位绕车介绍法"的标准流程，活学活用；还应不断总结经验，在不断的实战中完善自身的销售话术，提高汽车介绍水平。

### ★【想一想】

车辆介绍是越多越好，还是针对性越强越好？客户会购买一台大多数特性或配置弄不明白的车吗？

## （2）以客为尊，突出客户利益

与传统的压力式销售不同，顾问式销售一切"以客户为中心"，着眼于满足客户需求、解决客户问题。在当好客户"参谋"的前提下，消除客户的各种疑虑，促成交易。

### ① 从客户最关心的方面开始介绍

客户关心什么，销售人员首先就介绍什么，按照客户的兴趣来介绍产品，是迅速提起客户注意力，营造车辆介绍融洽氛围的好方式。

### ② 鼓励客户提问、寻求客户认同

以寻求解答为目的的提问，自然都是客户所关心的问题。因此，让客户多提问，其实是了解客户疑虑和购买重点最有效的方法。与此同时，汽车销售人员应认真倾听客户的提问。不仅要热情专注、态度诚恳，还要能站在客户的立场倾听，准确把握客户提问的要点。对客户的问题，销售人员应尽可能地及时解答。并在回答问题的过程中，不断寻求客户的认同，消除客户的疑虑。

### ③ 鼓励客户动手操作、亲身参与

在车辆介绍过程中，鼓励客户多动手，亲身体味产品的功能和特点，可以有效地提升介绍的说服力，刺激客户的兴趣点，增强客户的购买信心。

### ④ 以客户为中心的语言表达

在与客户谈话时，所用语言包括身体语言，应时时照顾到客户的情绪，表现出对客户的尊重。显然，出于"自我为中心"的本能和习惯，很多时候客户并不愿意接受销售人员的直接看法，而是希望对方能够站在自己的立场，以产品的利益迎合自己的需求。如销售人员在介绍产品时，应联系客户需求，巧妙赞美客户，将产品的优点与客户的利益点有效地结合起来，这样将取得事半功倍的效果。

## （3）把握要点，用对方法

车辆介绍，不是漫无目的地就着车辆、对着客户一股脑地说下去，而要把握要点，用对方法。

### ① 把握要点

车辆介绍一定要有要点。那么，以销售为目的的车辆介绍，为了实现客户消费的最终结果，自然就得围绕客户进行产品介绍。显然，打动客户、建立客户的信任感，就成为了介绍活动的重点。销售人员只有通过传达直接针对客户需求和购买动机的相关产品特性，帮助客户了解一辆车如何符合客户需求、满足客户利益，才能帮助客户真正认识到购买活动的价值。

### ② 用对方法

车辆销售是一门艺术，车辆介绍也是一门学问。汽车销售人员每天面对的是形形色色的客户，他们的性格、喜好等各不相同。要招待好这些客户并实现销售目的，光凭一腔热情是不够的，还需要掌握好的方法，并在销售实践中活学活用，如"六方位绕车介绍"法。

## 2. 车辆介绍的方法和技巧

汽车科技日新月异，汽车市场的个人用户激增，客户对汽车科技的认识水平远低于现代汽车科技的发展状况。因此，销售人员向潜在顾客介绍汽车产品时，单纯的产品性能、配置的罗列、流水账式的介绍，只会让客户在选择时更加茫然。也许我们付出了很大的努力向客户做介绍，可是客户听了就是不为所动。有时我们会想：假如有一种更好的实战方法那就更好了。为了解决这个问题，下面向大家推荐一种有效介绍汽车的方法，即特征利益法，也就是FAB法。如何激发客户的需求，使客户由认知、情感阶段转而进入行为阶段，FAB介绍法可以较好地解决这一问题。

### （1）FAB法的含义

FAB法，即属性利益法。F（Function），就是属性、配置，A（Action），就是指作用，B（Benifit）是利益的意思。按照顺序来看，F是配置，A是作用，B是利益。所谓"FAB"，就是首先说明商品车辆的"卖点、特色、配置"等事实情况，即F，然后将这些事实加以解释，说明其作用，即A，最后阐述它们的好处以及可以带给客户的利益，即B，进而使顾客产生购买动机。

### （2）案例分析

#### ① 案例一：倒车雷达的好处

如某款车有一个倒车雷达，销售人员如何利用FAB的方法向客户做介绍？首先用F来说，这台车上有一台倒车雷达，销售人员在向客户介绍的时候，不能只告知客户这款车配备有倒车雷达，还应提示客户倒车雷达有什么作用，即它在倒车的时候如何帮助驾驶人留意车辆后面是否有障碍物，从而避免人、车、物的意外伤害。通过这样的介绍，客户就能了解到这个装备会给他带来什么样的好处。相反，如果销售人员只是告知客户这款车有倒车雷达，而没有说明倒车雷达的好处，那么客户就可能不知道倒车雷达将带来什么样的好处，也就不会形成这款车性能如何优越的具体感受。

#### ② 案例二：ABS的好处

ABS是很多汽车上的必备装置。那么，如何用FAB这个方法向客户介绍一辆车的ABS系统？比如汽车销售人员正在向客户介绍一辆车，ABS是这辆车的标准配置。正是因为有了ABS以后，这辆车即便在急刹车的情况下，也可以有效地控制车辆的行驶方向。这具体如何讲呢？就是有两辆车正在两条道上走着，两辆车前面都出现了障碍物。其中一辆车绕个弯儿过去了，另一辆车却直接撞上了障碍物。为什么？就是因为一辆车有ABS，另外一辆车没有。所以，一辆车能够控制方向绕过去，另一辆却不能控制行驶方向，而是直接撞上了障碍物。如果这个障碍物是人的话，那就产生了人员的伤亡。如果是一个物的话，那财产就受到了损失。

究竟ABS如何工作？当驾驶人发现前面有障碍物紧急刹车时，没有ABS的车辆一下子就把轮胎抱死了，车辆完全是顺着惯性向前冲，方向没法控制。而有了ABS以后，刹车不会抱死车轮，而是不停地抱紧松开，一秒钟达十六七次。这样，可以转动方向盘控制车轮前进方向。通过详细的陈述，销售人员将ABS的好处明白地告诉客户，其中所带来的利益，会让客户感觉印象深刻。

### ③ 案例三：不同ABS的比较

因为对汽车安全性的重视，ABS已基本上成了车辆的标准配置。有的销售人员不免会说，"很多车都有ABS，那我怎么去介绍？"很多车都有ABS是不错，但ABS也有区别：不同厂家，进口与国产等。在做产品介绍的时候，销售人员对此事就得先了解。如进口的ABS和国产的ABS，其制动距离显然是不一样的。国内有一些车是合资的，但搭载的ABS是进口的，而很多国内生产的车搭配的却是国产ABS。进口车搭载的ABS因为是进口件，所以费用比较高，国产的费用会稍微低一些，但这两个ABS的作用显然不一样。

一项实验数据表明，在120千米/小时的速度上踩刹车，搭配进口ABS的车滑行了41米的距离后停下来，而搭配国产ABS的车却滑行了46.5米。这五六米长的差距，就是国产ABS和进口ABS的差距。ABS作为性价比当中的一项指标，完全可以向客户解释明白。

## 3. 车辆介绍注意事项

汽车销售人员在进行产品介绍时，需要注意的事项有很多，如维持良好的谈话氛围，选择恰当的时机进行产品说明，不可逞能与客户争辩等。

### （1）以客户为中心

#### ① 突出特点和重点

车辆介绍并不要求我们事无巨细、一一道来，事实上这也是很不经济的做法。一是自己累，说不了；二是客户听着也累，记不了。从心理学的角度讲，客户接收任何信息时，一次只能接收6个以内的概念。因此，除非客户需要或很感兴趣，在介绍过程中最好不要涉及太多的知识内容。

其实每台车都有亮点，销售人员应将车辆的主要功能亮点或客户的主要需求作为介绍的重点。如使用"六方位绕车介绍法"介绍车辆时，我们可以从六个不同的方位来介绍，但不一定每个方位都要重点介绍，而可以根据客户的需求和偏好，有所侧重，突出有特点的部分。而就具体的某个方位来说，也有它相应的重点部分，需要销售人员详细解说。在车辆介绍的过程中，销售人员应不断确认客户的兴趣所在，判断其需求点，以提高解说的实效性。

#### ② 突出为客户带来的利益

汽车销售人员应经常变化立场，设法从客户的角度来考虑问题，必须经常问："这个对我有什么好处？"若能带给客户好处和利益，满足客户的需求，客户就很可能购买。

## （2）热情主动，灵活机变

汽车销售虽然卖的是钢铁产品，实际上却是人与人之间的交流、沟通。在整个销售过程中，热情主动的态度必不可少，汽车销售人员也需要灵活机变的应变能力。

### ① 充满自信，面带微笑

客户就是上帝，销售人员笑迎客户，始终面带笑容地出现在客户面前，本身就是对客户的尊重，也能融洽交流、沟通的氛围。而面对熟悉的产品，在展示和说明时又怎么能够冷场？就应该充满自信、饱含激情地为客户解说每一个重要问题。

### ② 主动灵活，善对意外

在产品展示与说明中，难免会有意外的情况发生，这可能是销售人员的介绍错误，也可能是客户的看法错误。若是销售人员自己的错误，应立即修正自己的错误并向客户表示歉意。若是客户的错误，不要直接去纠正，而应表示出理解的态度，附带"不要紧"的微笑，尽量消除客户由此带来的尴尬。

### ③ 案例分析

某汽车展厅内，一位销售人员正在展车旁为客户介绍车辆。

销售人员：当您考虑购车的时候，最在意的是什么？

客户：应该是空间吧。我们一家人经常在周末出去玩，很需要一个空间大的车子。

销售人员：先生您考虑得很周到，全家出游确实需要大空间。其实，我们身前的这款大捷龙就很符合先生您的要求。

客户：是吗？给我说说。

销售人员：这款车首先空间很大，坐个八九个人不成问题。后面的行李厢空间也很大，还可以调整大小，这样就算您要携带很多行李也没什么问题。此外，这款车的安全带是可以根据乘客来上下调整的，这对于身材较小的小孩很适合，也很安全。

客户：确实不错，若没什么问题，就这台吧。

在上述的介绍中，汽车销售人员的成功之处，就在于向客户展示了一系列利益，如车内空间大，完全可以满足家庭休闲的需要。后备厢也不小，还可以调整，诸如办公等用途也可以用得上。此外，车辆配备了可上下调整的安全带，对小孩来说，乘坐很安全、舒适。

其实，销售人员和客户之间就是一种你来我往的交流和沟通，不断地给客户以肯定，不断地向客户传递产品的价值。销售的核心，销售的最高境界，就是将车辆性能转化为客户的利益。

## （3）介绍时尽量避免专业术语

对于不同的客户，要采用不同的方法。针对分析型的客户，销售人员可以使用专业性的术语，往往看起来更专业，也便于彼此的交流。但对于大多数客户来说，专业性的术语并不是他们所熟知的对象，这时候客户更希望听到通俗些的语言。

### ① 原因分析

汽车是一个复杂的产品，即使是很专业的汽车机械方面的教授也无法清晰地将一个汽车流畅地描述出来。而有关汽车的机械知识、电路知识、油路知识、材料科技等内容更是庞杂，涉及方方面面，就更加无法通盘掌握了。但许多才入行的汽车销售人员，出于对认知的渴求，都希望更多地学习产品知识，更多地掌握有关汽车的知识、名词、术语等，认为这样会让自己变得更专业。但是，达到这个目的可能吗？即便可能，那一股脑的专业名词、术语，对于销售业绩能起到多大的作用？客户真的就因此而佩服销售人员的专业，从而踊跃定购了吗？

显然，很多才入行的销售人员都倾向于向客户倾倒专业名词，哪怕对这些专业名词他本人也没有透彻地了解。这也不能完全算错。但问题是当销售人员有了这个想法以后，一旦遇到客户提出了新的名词，自己不懂或根本就没有听说过，就非常容易慌乱，担心因此失去客户的信任。其实，销售人员要想在客户心目中建立信任，不完全是靠对专业术语的掌握，也不仅在于对机械知识的透彻阐述，而是应该强调客户得到的利益，这才是客户最关心的内容。

说专业名词不代表专业性，只要客户不说专业名词，销售人员就不适宜说。但如果客户说专业名词，怎么办？销售人员一定要将客户说的这条专业名词，用陈述利益的方法重新阐释给客户听，这才是真正的专业性。若客户谈到ABS，销售人员该怎么讲？这时候，销售人员可以通过反问的方式，先向客户引出问题。如反问客户学车的时候，教练在谈到遭遇紧急情况时该怎么做？很多客户会说，当然是踩刹车。对了，就是踩刹车。但有时候刹车距离不够，必须要控制车的行驶方向以便躲开障碍物。在以前汽车没有ABS的时候，刹车极容易造成轮胎抱死，车的运动方向根本不由驾驶人控制。解决这个问题的就是ABS，它在车辆紧急制动的过程中，将刹车有频率地松开一小会儿，这样驾驶人就可以通过控制方向盘来瞬间地控制汽车。这样的陈述方式就是利益的陈述方式，表达集中在客户理解的利益基础上。

在销售沟通的初期阶段，应注意简单明确。所以有意识地控制自己的语言，使用亲近易懂的话语比艰深且难懂的专业术语要好得多。

### ② 案例分析

曾经有这样一个案例：一对夫妇来到展厅，绕过了门口的几台车，直接走到了他们感兴趣的一辆展车那儿。销售人员看在眼里，这个时候他就感觉到了，这是一个很不错的意向客户。于是他就去接待这个客户。客户走到东，他就跟这个客户介绍东边的情况；客户走到车尾，他也把车尾的好处跟客户说了很多。在他说的过程当中，这个客户只说："哦，是吗？哦，谢谢。"其他的什么表示都没有。过了一会儿，客户两个人互相看了一眼说："我们下次再来吧。"就走了。

客户走到门口以后看看后面没人了，就开始互相对话了。

"老公，刚才他说什么呀？"

"他说的好像是专业术语，哎，我也没听懂。"

"那怎么办呢？白跑一趟。"

"这样吧，那边好像还有一家，我们去看看。"

一笔很有希望的交易就这么告吹了，销售人员一定很不甘心，这可以想象得到。因为他说了很多话，费了好大的劲，几乎将车辆的好处说了个遍，却没有达到预期的目的。

那为什么没有达到预期目的？问题还是出在这位销售人员的身上。其实，他尽管说了不少，雄辩滔滔，却从头到尾都不管客户是怎么想的，也不管客户是否听懂了他所介绍的那些内容。就比如说到车辆功率的时候，销售人员说是多少多少千瓦，客户懂吗？不懂，因为客户经常听到的只是马力。当说到车辆扭矩的时候，销售人员说是多少多少个单位牛米，客户懂吗？还是不懂，因为客户不明白这个数值的具体含义。这么多不懂？怎么办？也许你说很简单，问啊。不懂就要问，这不错，是这个理。问题是人都要面子，特别是在公共场合，而且这个客户又是在他的太太面前。在这种情况下，他不懂也得装懂。他不会去问，你刚才说的这个牛米是什么意思，你刚才说的那个千瓦又是什么意思，因为他要面子。最后，客户自然兴趣大减，走了。

销售人员这时候要特别注意，一定要跟客户互动起来。每讲一个产品的亮点，每讲一个专业术语时，销售人员都要观察客户是否能接受，他听懂了没有。如说到功率时，告诉客户多少马力就可以了。这个也不难，用功率乘以1.363，马上就换算成马力了。说到扭矩时，可以把它形容成牛拉车的拉力即牵引力。很多人开车的时候都有这种感觉，当车四挡、五挡的时候爬坡会很吃力，发动机的声音也很难听。可若是在一、二挡的时候，却感觉车走得很有力。为什么？道理是挡位降了，虽然速度慢了，但动力够了。这个时候，销售人员若能告诉客户：扭矩用牛米来表示，代表力量大小。因为牛虽然跑得慢，但是牛力气大，能拉得动车辆。

# 任务四 试乘试驾

试乘试驾是车辆介绍的延伸，是一种动态的车辆介绍，也是让客户亲身体验汽车性能的最好时机。客户通过切身的驾乘感受和销售人员适当、突出重点的动态介绍和说明，加深了对车型的印象和认同，从而激发购买欲望，增强购买信心。

因此，试乘试驾是邀请客户再次来店，或延长客户在展厅停留时间，增加成交机会，消除客户疑虑，促成报价成交的关键步骤。

## 一、任务分析

试乘试驾是让客户感性地了解车辆有关信息的最好机会。通过切身的体验和驾乘感受，客户可以加深对销售人员口头介绍的认同，强化购买的信心。在客户试乘试驾前后，销售人员应做好充分的准备，让客户集中精神进行试乘试驾体验，并针对客户需求和购买动机进行解释说明，进一步建立信任感，促成车辆销售。

## 二、相关知识

### 1. 试车准备

试乘试驾前，汽车销售人员应做好充分的准备，以保证试车工作的顺利进行。若试乘试驾

图4-6 试乘试驾

过程中意外频发，客户的心情大受影响，对销售人员乃至产品的信心也会大打折扣，如图4-6所示。

#### （1）车辆准备

经销商应准备试乘试驾专用车，尤其新车上市期间由专人负责，保证车况良好，排除任何临时故障，如空调、轮胎气压、车灯、收音机、CD机等，保证数量，且加满油，要求车辆整洁、清新、无异味；车内不能放有私人物品，座椅有座套，车内可放有脚垫，车辆座椅、方向盘调整到规定位置，其他准备如临时牌照、保险等。

#### （2）人员准备

汽车销售人员应全程引导、参与、陪同客户完成整个试乘试驾过程。为此，销售人员不仅要拥有驾照，能够熟练驾驶车辆，还要确保良好的精神状态和充分的试乘试驾时间。

##### ① 良好的精神状态

销售人员是否以良好的精神状态迎接客户，很重要甚至事关销售的成败。因为，若销售人员状

态不佳，势必影响客户的情绪，也影响到对客户的服务质量，又怎么能够激发客户的购买热情？更重要的是，精神不佳降低了风险意识和反应力，若试乘试驾过程中突发事故，则不但丢掉了销售机会，也会带来料想不到的后患。

#### ② 充分的试乘试驾时间

如果销售人员没有安排足够的时间陪客户试乘试驾，行动上会显得匆忙，态度上难免焦躁。那么，在情绪控制和异议处理上不免欠缺耐心，容易出现问题，最终影响汽车销售的实现。

### （3）资料准备

#### ① 销售方的资料准备

车辆的各种手续文件必须齐全，如保险单证等。此外，销售人员还应备有试乘试驾安全说明及须知、安全协议书、路线规划图以及试乘试驾意见调查表等。

#### ② 客户方的资料准备

试乘试驾前，要完成客户的证照查验、复印存档及相关文件的签署手续。如请客户出示身份证、驾驶证，并复印存档。同时，还应请客户签署试乘试驾协议书，这既是对客户必须安全驾驶的要求和暗示，也是一旦出现安全问题分清责任的方法。

### （4）路线准备

规划好试车路线，使客户有足够的时间来体验车辆的性能，熟悉并喜欢试乘试驾车型。事先选择行车路线时，要能够凸显车型的优势性能，最好选择那些车流量少的平坦路面，同时适当增加一些坑洼、爬坡路段，增加客户的乐趣和适应性。整个试车时间，控制在15分钟左右为宜。

安排试驾路线，需要注意以下事项：
①试驾行驶路线应能够充分展示汽车性能和特性，尽可能避开交通拥挤时段和路段。
②汽车营销人员实地查看确认路况，熟悉路线用路况，如是否修路、改路等状况。
③汽车营销人员要把试驾路线制成路线图备用。

## 2．试乘试驾演示重点

通常试乘试驾的时间有限，演示的过程不可能面面俱到，而是有针对性地演示重点内容即可。

### （1）试车前演示重点

为尽量避免试乘试驾过程中出现意想不到的问题，试车前就应向客户说明车辆的使用方法、试乘试驾程序、路线安排等，如有可能，最好提供一份书面路线图。无论如何，都应工作到位、以策万全。

#### ① 确认试乘试驾路线

可以利用路线图，让客户了解路线范围，以及沿途需要注意和加强体验的路段。这不但可以让客户做到心中有数，临事不慌，同时也可以避免客户自行选择其他路线，带来意想不到的麻烦。

### ② 引导客户熟悉车辆

● 熟悉车辆外观。如欣赏外观设计风格，观察车体钢板厚实表现，体味漆面光滑亮丽程度，体验五门掀背功能等。

● 熟悉车门设计。如前后车门的开启角度大（尤其是后门）、车门厚重安全性高、车窗宽阔视野好（尤其是后门三角窗向后延伸）、车门槛宽大刚性好、车门关闭声音厚重饱满等。

● 熟悉车内空间和布局。一是引导客户体验便捷的座椅调整、安全带调整、后视镜调整以及方向盘调整。二是向客户展示宽敞的头部腿部空间、典雅的仪表台布局，还有做工精细、美观大方的仪表台。

### ③ 展示车辆运行状态

点火起动车辆，让客户感受发动机的运行状态，如发动机声音沉稳，急速情况下发动机的安静无抖动等。销售人员可以有意识引导客户注意发动机的工作特性，告诉客户这不仅说明发动机的技术很成熟，还表明发动机舱的隔音、整车的密封效果也很好。

## （2）客户试乘时演示重点

试乘试驾时，应先由销售人员驾驶，客户在旁边熟悉车内各项配置。销售人员在驾驶过程中，边示范边讲解，以便客户充分感受车辆的优势。试乘演示的重点包括起步、换挡、打方向盘、行驶和制动等。

### ① 挡位控制

如手动挡清晰无误的入挡手感、自动挡无顿挫的智能换挡体验，还有液压离合器的轻便省力特点等。

### ② 行驶特性

如起步时，车辆平顺方向轻，起步防滑效果好；加速时，电子油门反应灵敏，加速性能好；高速行驶时，方向盘手感重，车辆没有发飘现象；蛇形行驶时，转向反应精确，悬挂响应性能好，中速大半径转弯抗侧倾能力强；紧急制动时，刹车稳定、距离短。

### ③ 乘坐感受

如座椅的舒适大小，视野的开阔程度，空调效果的快慢，音响，噪声的控制范围等。

## （3）客户试驾时演示重点

引导客户体验车辆性能、强化动态优势，并观察客户驾驶方式，了解客户的关注点。然后，根据客户的关注点，重点讲解与竞争对手、竞争车型的差别和优势，引导体验并寻求客户对性能优势差别的认同。赞美可以拉近距离，这时候适当地称赞客户的驾驶技术，会非常有用。

## 3. 试乘试驾注意事项

### （1）注重礼仪

#### ① 关怀客户

在试乘试驾过程中，客户最重视的不是销售人员有多会说，介绍得有多全面，而在于对方是否"以客为尊"。因此，销售人员要时刻注意礼节礼仪，如每一次客户上、下车的时候都为客户开、关车门，防止客户头部碰到车门等。

#### ②试乘试驾过程中，不宜谈及价格

当试乘试驾结束后，若客户情绪不错，销售人员判断有签约的可能，方可将客户带入展厅，利用客户这一时间的热情和冲动尝试签约。

### （2）以客户的需求为中心

①只要客户有要求，就要尽可能为客户提供试乘试驾。

②重点强调和突出车辆的特色和好处，指出那些可能激发客户兴趣的内部配置和特征。并通过客户的反应，确认车辆是否符合客户的需求。如"您觉得怎么样？""还有什么地方想要特别了解的吗？"

③关注客户的试车感受，并记下客户的个性化要求。若客户在试驾过程中，没有提出问题，就尽量不要讲话，让客户自己充分体会车辆的特性。

### （3）注重规范，确保安全

●汽车销售人员应准备好专门的试乘试驾车，不但应整洁，还要保证足够的汽油。

●为更好地了解试驾车辆，顾客在驾乘的同时应全程由工作人员陪同，工作人员要向顾客详细介绍试驾车型的有关特点。

●试驾时要注意遵守交通规则，上车系好安全带，中途换人时注意来往车辆行人。

●为了保证安全，试驾时车速不可过快，沿途勿超车逆行，如无特殊情况勿猛踩油门及刹车。

●试驾者如对车辆状况不熟，勿按无关按钮，如有疑问可向陪驾人员咨询。试驾顺序服从陪驾人员的安排。

●注意保护车内装饰，不准在车内吸烟，吃东西。

●严格遵守以上试车规则，服从各路段工作人员的指挥。如违反试乘试驾规定或不按指定路线行驶，由此产生的一切后果将由客户本人自行负责。

## 三、任务实施

请学员两人一组，分别扮演销售人员和客户，根据客户不同的性能关注点，演练试乘试驾的流程和技巧。然后，请观察的学员给予评分。

## 1. 演练要求

（1）试乘试驾前的客户邀请。

（2）交换时流程细节的把握。

（3）在交流过程中寻求客户认同的能力。

（4）针对客户购买动机引导体验车辆性能的能力。

（5）适时促成交易时机的把握和话术能力。

（6）对试乘试驾流程的整体把握。

## 2. 评分要点

（1）概述（试乘试驾邀请）（10分）。

（2）确认说明试乘试驾路线（10分）。

（3）讲解车辆独特的操控装备（10分）。

（4）车辆动态优势示范能力（15分）。

（5）换乘处流程细节把握（10分）。

（6）引导体验优势性能（15分）。

（7）交流中寻求客户认同（10分）。

（8）促成交易的时机和话术（10分）。

（9）试乘试驾整体流程把握（10分）。

# 项目五　异议处理与签约成交

异议是客户对销售人员以及销售人员的产品、价格、服务、质量等方面提出质疑或不同见解。销售人员愈是懂得异议处理的技巧，愈能冷静、坦然地化解客户的异议。

签约成交是汽车销售人员通过透明、公平和有效的谈判，赢得客户的认同，从而与客户达成协议、交款购车的过程。

# [ 任务一　客户异议处理 ]

从接近客户、了解需求、产品介绍、试乘试驾、提出建议书到签约交车的每一个阶段，客户都有可能提出异议。销售人员应认真分析异议产生的原因，并正确处理客户的异议。其实，每化解一个异议，就摒除了与客户交流的一个障碍，就愈接近客户的预期，很多销售机会，就从客户的拒绝开始。

## ◢ 一、任务分析

从主观上说，销售人员大多不希望面对客户异议。但客观上，客户异议却是经常出现、不可回避的现实情况。那么，处理客户异议是否真的非常难呢？其实，客户异议的出现，也可视为销售机会出现的契机。若销售人员能把握机会，学会分辨异议和借口，并找到真正的异议，采取针对性的方法和技巧，反而更容易达成销售的目的。

## ◢ 二、相关知识

### 1．客户异议产生的原因

客户产生异议的原因，有很多种。通常，由于信息不足或不全面，客户会误解甚至怀疑汽车销售人员的动机或产品的可靠性。

### （1）误解

歌德曾说过：误解与成见，往往会在世界上铸成比诡诈与恶意更多的过错。而客户对汽车销售的误解，虽然不会造成什么过错，但绝对会影响销售工作的成败。如过去因质量等方面的原因，进口车有召回的措施，现在国内也慢慢地引入了这种机制。召回其实是厂家针对出现的问题而采取的积极主动的行动，从提高产品质量的角度出发而采取的一项措施，这些都是好事情，是对客户负责的一种表现。但有的客户不这样想，反而认为召回的车肯定有问题，而且问题很大。其实客户不了解，不论哪款车都不敢说绝对完美无缺。就如在中国名声不错的奔驰、宝马，车确实都不错，但也有召回的情况。

### （2）怀疑

科学研究需要怀疑精神，但如果怀疑黏上销售活动只会带来糟糕的结果。客户的怀疑来自方方面面，可能是社会的大气候，也可能是听到了一些不真实的信息。如大家都在讲降价，那款车降价了，这款车也降价了，那么，你这款车不用说肯定也要降。如果销售人员说不降，那为什么不降？是不是想着利润不放手啊？客户一旦这么想，就会怀疑购车决策的正确性，甚至放弃了原本打算购买的主意。

### （3）其他原因

有时候，客户异议既不是因为误解，也不是来自怀疑，而是纯粹不想买车，只是来凑热闹的。如客户有时会直截了当地说："这个车价格太高了。"如果销售人员询问客户可以接受什么价位时，客户就故意报出一个很低的价位，这个价位低得甚至变成不可能的事，因为这个品牌的车随便哪一家都不可能卖这么低的价格。通常，凑热闹型的客户主要表现为以下两种。

#### ① 一种是有心思没行动的客户

这类客户也许心里早就想着圆车梦，但目前还没有这个能力，可是却按捺不住看车的欲望，于是跑到汽车展厅里去看车，问问这个，问问那个，表现出很关心、很喜欢这辆车的样子。在这个时候，销售人员往往会有一种误解，以为客户很想买车，但其实并没有，因为一谈到实际问题客户就开始躲避了。所以，为了应付销售人员的询问，这类客户会提出一些明显不合理的要求，以便销售人员"知难而退"。

#### ② 还有一种是无事消遣的客户

也许是路过看看新鲜，也许是外边太热进来纳纳凉，不论属于哪种原因，这类客户的本意并不是想买车，只是顺便看看车，甚至有的时候看到车门开着也想进去坐坐。如果销售人员不明就里迎上前去，他们也会假模假样地去跟销售人员讨论一些有关车的事情。可一旦销售人员向他们询问购买意图的时候，他们就开始逃避了，有的甚至挑东捡西，以掩饰自己的真实意图。

## 2．正确对待客户的异议

在汽车销售过程中，出现客户异议是很平常的事。客户有异议，首先表明客户感兴趣，但有些疑问需要解决。这时候，客户异议其实传达了这样一个信息：如能解决了我的疑虑，我就可以考虑是否购车。从这个层面上，异议就是销售的真正开始。只要汽车销售人员能及时与之沟通，通过双方的坦诚交流、畅所欲言，准确掌握客户问题的重心，消除分歧也不是什么难事。

### （1）客户异议的表现

异议就是客户对你及你的产品、价格、服务、质量等方面提出的质疑或不同见解。通常，客户异议主要表现为三个方面，即推销方面的客户异议、产品方面的客户异议以及服务方面的客户异议。

### ① 推销方面的客户异议

表现为对可信度、真实性方面的质疑，如有些人也许是出于经验，或是出于误解，但无一例外地对销售有着天然的强烈质疑。

### ②产品方面的客户异议

表现为对产品特性、功能等方面的质疑，如"听说你们的车油耗比较高？""这个车型的轮胎好像不安全？"。

### ③服务方面的客户异议

表现为对销售优惠、售后承诺等方面的质疑，如"这是你们所有的优惠项目吗？""一旦出现问题如何处理？"。

## （2）回应客户异议的技巧

回答客户的问题，是销售工作中重要的一个环节。这不仅体现了汽车销售人员的沟通能力，还为企业树立了良好的品牌形象。销售人员必须遵循实事求是的原则，了解解答客户问题的技巧，以便为客户解答问题，赢得客户的信赖，最终促成交易。

### ① 专业

一个成功的汽车销售人员，首先要专业。不但应具备齐全的专业知识，更要有化专业为简单的解释能力，即解答客户疑问时，要专业也要通俗易通。汽车销售人员如果仅仅只能刻板地向客户传输一些专业名词，只会导致客户不知所云，心生烦厌。所以，汽车销售人员在给予客户专业性描述的同时，还必须保证客户听得懂，这才能达到解答客户问题的目的。展示专业的销售形象，能让客户印象深刻，更容易促成交易。

### ② 精确

一旦了解到客户的问题，汽车销售人员就应该精短而又准确地进行回答，切忌拖拖拉拉、含糊不清地说一大堆没用的话语，尽量去揣摩客户问题的深意。一个问题，必须能够通过简短的语言回答出来，而且能够解决客户的疑惑。如果销售人员说了一堆与问题无关的话，却没有达到解决客户疑问的效果，这或许会让客户怀疑销售人员的专业性程度。

### ③ 全面

汽车销售人员在回答客户问题时，必须要全面，但全面并不意味着要说很多话。有的销售人员为了表现自己的专业，在客户面前滔滔不绝却没有说中要点，这只会让客户怀疑销售人员的沟通能力。全面的意思就是针对问题进行全面的回答，特别是关键问题不能遗漏。销售人员还得学会问一答十，因为有些问题每个客户都会进行了解，销售人员就可以一并说出，给客户感觉销售人员真的很周到。

### ④ 反问

汽车销售人员也许会碰到一些自己解答不出来的问题，或者一时间没有把握住客户问题的要点，这时候可以灵活地"以攻代守"，对客户进行巧妙的反问。当然，反问的语气一定要委婉，不能引起客户的反感。如销售人员可以通过重复客户的问题来进行询问，这样既能让客户感觉问题受到重视，也可以让自己更清楚了解客户的问题所在。

## 三、任务实施

思考：根据所学知识，想一想该如何避免客户异议的出现？

# 任务二　处理异议的方法

处理客户异议，方式方法很重要。首先要正确对待，不能认为客户无事生非。在与客户的沟通过程中，要绝对避免争论，因为销售人员不可能在与客户的争论中获胜。此外，还要善于把握时机，化危机于无形。

## 一、任务分析

究竟如何处理客户异议？需要坚持哪些原则？需要运用哪些技巧？都是汽车销售人员所要解决的问题。

## 二、相关知识

### 1. 处理客户异议的原则

客户出现异议并不可怕，可怕的是在客户异议面前茫然不知所措。其实，只要遵循处理客户异议的基本原则，客户异议也能转化为客户认同，成为销售的助力。

#### （1）防范大于处理

最好的异议处理方法，就是"防范于未然"，将客户的异议扼杀在萌芽状态，这是处理异议最高明的做法，既省时又省力。

##### ① 提前预防

猜测客户可能出现的异议，交谈中有意无意地针对此类异议展开话题，潜移默化地消除客户的疑虑。比如价格异议，这几乎是每个客户会涉及的问题。与其在谈判后期反复纠缠于价格高低，不如在产品介绍等环节积极预防价格异议的出现。一是陈述品牌的价值。同是购车，客户在这里买的是品牌车，而花同样的钱去买的另一款车却不知名。这个品牌的价值，就是值得购买的地方。客户开了这个品牌的车以后，身价立马不同，不但更有面子，而且出去办事也比以前方便得多。二是指出车辆装配的差别。这款车的装备大多是进口件，结实耐用。但因为是进口件，所以单件的价格比国产的要高。既然如此，单从配件价格来说，这款车对客户也是很值得的了。此外，还有服务。销售人员有意识地展示高超的服务水准，良好的公司形象，可信的品牌知名度等，让客户从感官到内心，都不断感受并回味产品和服务，体味其中的价值，自觉削弱甚至打消异议。

##### ② 降低客户预期

常言道，有多大希望就会有多大失望。为避免客户异议，降低客户对产品和服务的预期，也是不错的方法。

假如你是一名汽车销售人员，正在向客户销售奇瑞QQ汽车，但客户觉得奇瑞QQ档次很低，并希望QQ的座椅能换成真皮。面对客户的这种期望，作为销售人员肯定不能满足他的期望。这时候，你就必须想方设法地尽量降低客户的期望值。你应设法告诉客户，他现在看到的这款车不是价值上百万的奔驰，而是标价2、3万元的QQ，价格上差不多相差五六十倍。这是让客户从心里意识到，他是在花3万元买一辆车，而不是花100万元买一辆车，然后自觉降低过高的期望值，减少异议发生的空间。

### （2）尊重客户

#### ① 理解客户异议

因为信息、信任等方面的问题，客户产生异议很正常。对此，销售人员应充分理解并客观地对待，不能因此认为客户故意习难，从而冷漠以待甚至恶言相向。当客户提出批评时，要充分肯定对方意见中的积极方面，同时表示感谢和改善的决心。销售人员态度要诚恳，要理解客户、体谅客户。人与人之间最重要的就是尊重，让客户感受到尊重，反过来客户也会理解你。

#### ② 维护客户自尊

每个人都有自尊，也都希望受到他人的尊重。若客户在表达异议追求解答的过程中，得到的不是热情周到的服务，反而是冷漠以待甚至恶语相向，客户肯定会因为没面子或心情不爽而拒绝购买。相反，销售人员若能处处维护客户自尊，满足其心理平衡，自然容易赢得客户的信赖，赢得交易的机会。

### （3）冷静、客观

#### ① 不抱怨，不争辩

想与客户争辩吗？对不起，你永远无法在与客户的争论中获胜。环境和情况越严峻，销售人员越要自我克制，控制好场面不要为一些棘手的问题而焦虑。如果问题较复杂，就要以冷静、平和、友好的态度去与对方探讨问题的根源，让客户自己进行判断。销售人员要充分展示一个专业的汽车营销人员的个人风度、修养和自信心，时刻保持平静的心态和友好的姿态，做到泰山压顶而面不改色。要记住：赢了客户便会输了生意。销售是提供服务和合理的说服，而不是争辩。

#### ② 强调客户收益

客户之所以表达异议是为了什么？就是担心自己的利益受损。因此，客户异议所提出的问题，大多数都属于使用汽车时所产生的利益问题。如这款车为什么这么贵？太不值了！这个问题本身就属于利益问题。其实，客户在采购汽车的过程中会问到许多问题，不论是商务问题，还是技术问题，但究其实质应该算是利益问题。如客户关心ABS功能，似乎只是一个纯技术问题，但其实客户关心的是这个ABS对行车安全有什么帮助。

## 2. 处理异议的方法和技巧

把异议当成一种积极的信号，抓住这个销售的机会。保持积极的心态，认真听取并理解客户的异议，站在客户的立场上，耐心体贴地化解客户的异议。

### （1）处理异议的正确态度

#### ① 主动谦让

异议产生后，不论客户提出批评或进行投诉的方式、方法是否正确，都应将这视为对本公司产品和服务的关心。汽车销售人员的态度，首先并不是据理力争，而应及时对客户进行适度谦让，尽量平复客户的情绪。可结合具体情况，直接向客户表达歉意。如：对不起，让您如此费心，真的很抱歉。

### ② 有效沟通

当客户情绪稍稍平复后，汽车销售人员一定要积极与客户进行有效的沟通。认真倾听客户的申诉，并保持热情友善、耐心周到的礼数，既要了解客户的本意，也要让对方看到我们对客户意见的重视和处理异议的积极态度。

### ③ 满足合理要求

全面了解客户的意见后，对于客户的合理要求，汽车销售人员应尽可能予以满足。若一时难以满足，也要说明原因并致歉。即便有些客户得理不让人，恶语相加甚至以投诉相要挟，汽车销售人员也要尽量保持克制，不与对方较劲。

## （2）处理客户异议的具体方法

### ① 忽视法

有些异议，其实无关紧要，客户也并不是真的想要解决。对于此类异议，汽车销售人员可以采取忽视的态度，轻轻带过。

### ② 反问法

有些异议，或许就是因为误解或缺乏了解，而由客户自己造成的。这时候，利用反问法，如："您为什么这样认为呢？"引导客户自己否定自己的异议。同时，也可以在客户陈述异议的过程中，获得更加精确的信息。

### ③ 缓冲法

某些时候，直接反驳客户的异议，容易招致客户的反感。汽车销售人员可以先尝试顺着客户的观点，进行适当的延伸和补充，以缓和一下形势。然后再委婉地提出不同观点，这样或许客户更容易接受些。如："您刚才所说的油耗高，看得出来您已经用了一段时间研究我们的车，很感谢您的关注。但如果我给您做个测试，或许您的看法就会改变了。"

### ④ 转化法

利用负面不利的异议，转变为对销售正面有利的观点。如客户不满意车辆轮胎，觉得窄了些，汽车销售人员可以这样解释："在抓地力足够的前提下，轮胎窄些可以更省油。"

### ⑤ 预防法

俗话说，防患于未然。这对汽车销售同样适用，就是将可能出现的客户异议消灭于无形中。如："车身重开起来自然更平稳，但油耗也会增加不少。"

### ⑥ 补偿法

有些客户异议指出的问题，确实存在。但一味纠结于此，显然不利于问题的解决。汽车销售人员可以利用产品的其他优势，来补偿自己产品某方面的劣势。如："这款车的内饰材料虽然档次不高，但您看看，做工却很精细呢。"

### ⑦ 证明法

利用客户的从众心理，引用第三方的评价和观点，来消除客户的异议。如："这款车用起来很安心，您不妨向购买这款车的车主了解一下。"

### ⑧ 主动法

某些客户尽管对产品表现出犹豫的态度，却又不主动提出异议。这时候，汽车销售人员为了引出问题，可以主动提出客户心里肯定存在的异议。如："您是否对我们的产品质量不放心呢？"

### ⑨ 延缓法

对于延缓太早或不便于回答的异议，汽车销售人员可以给出延缓的理由，向客户表示已经注意到了他的异议。如："我在等会介绍产品时，再向您重点解释。"

## 三、任务实施

很多时候，客户提出异议只是为了更好地提出条件。根据该情况，设置角色扮演情景演练：一人扮演客户，一人扮演销售人员，分组练习用条件对条件的方式化解客户异议。

要求：

（1）列出客户在议价过程中，会提出的所有条件；

（2）应对客户的条件，列出可以交换的所有条件；

（3）条件要贴合实际、合情合理。

## 任务三　签约成交

签约成交，被称为"临门一脚"，意即成功在望的一步。可不少汽车销售人员却在临门一脚的时候，反而紧张了。当客户进门的时候，销售人员都跃跃欲试、反应机敏，恨不得马上就冲上去接待客户。在接待客户的过程当中，也讲了很多有关汽车产品方面的知识，消除了客户接二连三的疑虑。但经历了那么多的环节，往往到了排除客户异议之后，却不知道该如何做了，导致前功尽弃。

### 一、任务分析

等到了恰当的时候，就得适时建议购买。然而，对有些汽车销售人员而言，这个签约成交并不容易，很多销售人员都不免在这个关键环节退缩，有的甚至功败垂成。那究竟应该怎么做？究竟销售人员在这个环节应该如何应对才能确保顺利签约成交？首先要克服引导成交的心理障碍，体察客户的语言信号和行为信号，适时地建议客户购买，并要掌握假设法、压力法、诱导法、二选一法、赞美法等成交技巧。此外，还要注意防范成交风险，以免真的功亏一篑。

### 二、相关知识

#### 1. 推销成交失利的原因

汽车销售失利的原因有很多，如销售人员对产品不熟悉、谈判能力欠缺说服力以及没有掌控好价格等。

#### （1）价格策略错误

①有些销售人员急于挽留客户，让步太快。结果不但没有留住客户，反而在谈判中陷入被动，最终导致无法成交。

②销售人员事先对各车型的价格没有掌握好，现场报错价，有的甚至低于成本价，这样的价格自然无法成交。

③附加项价格不清楚。如果关联附带项价格不清楚，算错或报错，都将影响主体销售，如附加车辆保险、GPS导航设备以及其他选装成本等。

④谈价时，语气不够坚定，也不会拒绝客户，因此，价格申请的次数过多。这不但给客户生出价格还可以再商量的希望，也显出销售人员掌控能力的不足。最终因为价格的差异，交易也很难达成。

### （2）对产品不熟悉

①有些销售人员对所售车辆不熟悉，如不知道或不太清楚，而产品知识又不熟练，容易导致客户不信任，同时也无法突出产品的差异和优势，难以说服客户。

②由于粗心或准备不足等原因，导致产品介绍错误，被客户一时识别，或不懂装懂，招致客户反感，觉得销售人员不可信。

### （3）谈判能力差

①洽谈时，销售人员废话太多，没有重点，以致客户犹豫不决。

②销售人员缺乏谈判技术、技巧，语言没有逻辑，谈判没有思路，说话也离谱，令人难以置信。有的甚至说了客户忌讳的话，导致客户心生不满，放弃交易。

③说假话，让客户识别出来，导致交易失败。

### （4）相关程序错误

①有时，汽车销售人员对客户的需求分析还不够清楚，就开始进入议价谈判环节。价格谈成了，客户却表示回去考虑考虑，结果大多不了了之。

②谈好价格，不料客户临时反悔，表示所议车型不合适，这其实是因为前期销售人员在需求分析上不到位造成的。

③提供合同的速度太慢，或写合同的时候说话太多，以致客户心生疑虑，犹豫不决，回去考虑从而反悔。

④销售人员不注重细节，签合同的时候三心二意，和其他用户碰头，进行价格交流。

⑤商谈时，对顾客要求的定金太少，以致顾客因故退车。

⑥其他用户评价太差，口碑不好导致用户犹豫。

⑦销售人员太实在，说话缺乏技巧性。即便说真话、实话，但用户无法接受。

## 2．适时建议成交

在适当的时候，建议客户购买非常重要。著名的汽车销售员乔·吉拉德曾说过：成交就像求婚，不能太直接，但一定要主动。当然，这里讲的是建议客户购买，汽车销售人员就得注意语言技巧，不能这样说："这位客户，咱们谈得差不多了，我建议你现在就买吧。"如果这样说，就太不讲究技巧了。客户一旦回绝，销售人员一点退路也没有了。那么，在什么情况下建议客户购买最合适？通常，客户购买意愿都有迹可寻。

### （1）行为信号

很多时候，客户针对具体的车型，或多或少总有这样或那样的异议，但在销售人员的努力下，都解决了。交谈双方气氛缓和了，心情放松了，在这个时候就要开始注意了：客户的放松感，其实传达出的是购买意向的信号。

#### ① 突然郑重起来

也许在交谈之初，客户一屁股坐在椅子上，后背往上一靠，跷起二郎腿，似乎没将购车谈判当回事。客户会想，"我是客户，有什么事儿你围绕我转，这个钱在我口袋里，我想买谁的车就买谁的车"。表现在行为上，神情自然有些倨傲。可是若客户突然把腰背直立起来，不再靠沙发了，而且身体是朝着销售人员的方向往前倾斜。这就意味着，客户想与销售人员好好聊聊成交的事了。

### ② 主动拉近距离

交谈之中，客户一直与销售人员保持一定的距离。现在，却将座椅朝销售人员跟前拉一拉，好像要把两个人坐的距离拉近一些，以便更好地交流关键环节。

### ③ 主动套近乎

以前都是销售人员巴结客户、说好话，甚至给客户递烟、敬茶等，这时候客户却"前倨后恭"，主动亲近销售人员，如从口袋里把烟掏出来敬给销售人员，这就表示客户基本上没什么意见了，要决定买车了。但客户还有一点点犹豫："我买车容易，今天掏钱就买了，我考虑的是售后服务"。客户的这些举动，都是主动套近乎，其实是想获得更好的服务，也就证明客户要下决心了。

有时候决定权以外的人也会对销售人员表示一种友好的态度，比如他们老板决定了，就在这儿买车了。经办人来办这件事，首先想的就是他要把事情办好，别办砸了。但这个店他不熟悉，人也不认识。所以，希望与销售人员套套近乎，让他把事情做得漂亮一点，回去好交差。

## （2）语言信号

### ① 讨价还价

这个时候客户又跟你讲，"你这个车除了这个价还能给我什么？"在这个时候他是认真地跟你讨价还价了。他想花最少的钱买最好的东西，所以一点好处都想要。"这个能不能送我啊，那个能不能送我啊，你有什么促销活动多给我点"，最后实在没有办法了，"这个售后服务免费保养的次数能不能多加一次啊"。因为有一些交换的性质在里边，所以对这种事情也可以采取另外一种技巧。

如果你说，"你的这些要求，我现在不能决定，我们去向领导请示，如果争取下来能给你的话，你怎么办？"这个客户会说，"你只要跟领导请示，把这个东西给我办到的话，我们马上付全款。"这些话都是客户经常讲的。所以，一开始我们销售人员就要留点余地。这个余地留得越多对你就越方便，留少了对你就越困难。

作为销售人员，超出范围的请示领导批不批也不知道，往往就在这个最关键的地方，因为这个问题没给客户解决，客户不高兴了，他不买了，他走了。等事情过了以后回过头来想想看，还不如就给他，你自己掏点钱把东西买下来送给他又怎么样呢，你这个月的计划就完成了，不能因小失大啊。有这样的想法双方都会主动。这个客户回去以后也想，他今天怎么会没成交呢，他又不是不要车，就因为这么一点点小事情他没买车，搞得人家还以为他买不起车呢。他想完了以后就后悔了，但是他明天再去的话就丢人了。所以，这个时候一定要用一些技巧来跟客户谈。

### ② 其他信号

语言信号，还包括客户跟销售人员谈交货时间、车的颜色，以及询问保修、保险问题等情况。客户可能会说："你看这个车怎么样，到底能不能买啊。"这些都是信号，证明他基本上已经没什么意见了。

★【看一看】

有的销售人员说，"在我从事汽车销售工作这几年来，经常遇到这种问题，就是在处理一些客户的咨询、产品介绍、试乘试驾以后，等到交定金之前，我感觉到有时候很轻松，但有时候还是怕出现一些其他的问题，心情比较复杂。"

有的销售人员说，"一般总是到了最后这个关键环节的时候，就越是小心。有时候甚至因为经验不足，不知道该怎么办。这种时候我不首先谈这个问题，我希望客户最好能够自己表态，把这件事儿说出来比较好一点。"

销售人员之所以出现类似想法，是因为他们心里很紧张，害怕在这个阶段使前面的努力全部泡汤。因为客户对于掏钱这件事情都会很敏感。究竟用什么样的方法让客户掏钱，又不显得那么碍眼？这是一门学问，关键是抓住时机，勇于提议客户签约成交。

## 3. 成交的方法和技巧

汽车销售成交最为关键，就像足球比赛的临门一脚，决定着成败。因此，提高成交水平和技巧，对汽车销售人员很关键。

### （1）成交的基本原则

#### ①营造宽松的气氛

在成交阶段不应有任何催促的倾向，而应让客户有更充分的时间考虑和做出决定，但销售人员应巧妙地加强客户对于所购产品的信心。在办理相关文件时，销售人员应努力营造轻松的签约气氛。

#### ② 主动提及签约成交

在签约成交这"临门一脚"的时候，有一个关键的地方就是销售人员要主动地去说，要主动地引出客户的想法，让客户去说，让客户去选择，然后顺着客户这条道儿走下去，最终促成交易。

比如销售人员可以试探客户。当大家都没有话题的时候，可以对另一位销售人员说："小李呀帮个忙，去把购车合同拿过来。"这虽然没有明确告诉客户该签合同了，但这个动作其实暗示了这一层意思。这时候，销售人员就要看客户的反应了。如果客户这个时候没有什么反应，那就基本上没有什么希望了。如果这时候客户说，"赶紧把合同拿过来，让我看看你的合同。"就表示很有希望，销售人员一定要抓住时机，趁热打铁。

#### ③ 运用得当的方法

现在很多汽车销售人员都在用各种各样的方法，来促成客户成交，比如假设法和压力法。

打个比方，先假设客户想要购买，销售人员可以这么说："先生，如果您要买的话，您是选择黑色的还是选择白色的？"将这个问题抛给客户，引导客户根据其需要回答。如果客户的回答是肯定的，就可以顺理成章地进入签约成交。如果是否定的，就说明客户肯定有什么问题还没有解决，就想办法去解决问题。黑的不要，白的也不要，银色的呢？那么话题就来了。

若销售人员按照银色的车往下谈，可以告诉客户，"这个银色的车，我查一查库存还剩两辆，是星期一刚到的货，六辆车现在只剩两辆了。"这个客户一听，就紧张了，再不买过两天又没了，这就是客户的心理。

将假设法与压力法结合起来，交易的促成就容易多了。

## （2）成交的具体技巧

心理学认为，当客户准备掏钱的时候常常会犹豫。在这种情况下，要抓住客户促成交易，就需要使用一些成交的技巧。

### ① 选择成交法

选择成交法，即提供几个可供选择的成交方案，任客户选择一种。销售人员也可以说："这几款车你选择哪个，你喜欢哪个？"或者说："你买车是用现金、用分期，还是做按揭。"让客户自己去选择。

当然，在更早一点的时候，销售人员若觉得时机成熟，就可以问客户："先生，您看是选择手动挡的好呢，还是选择自动挡的好呢？"这个时候，彼此就可以提前进入需求分析，或者提前进入客户接待。

这种办法适合用来帮助那些没有决定力的客户进行交易，它是将选择权交给客户，没有强加于人的感觉，自然利于成交。

### ② 请求成交法

请求成交法，即汽车销售人员用简单明确的语言直接要求客户购买。成交时机成熟时，销售人员要及时采取这个办法。该方法有利于排除客户不愿主动成交的心理障碍，加速客户决策。

但请求成交法容易给客户造成心理压力，引起反感。该方法适和客户有意愿，但不好意思提出或犹豫的时候。

### ③ 肯定成交法

肯定成交法，即销售人员用赞美坚定客户的购买决心，从而签约成交的方法。比方说，客户正在看这个车，销售人员说："先生，您选择这款车真是很有眼力啊，我告诉你啊，这款车数量很少……"客户都愿意听好话，若销售人员称赞他有眼光，客户心里高兴，当然有利于成交。

销售人员也可以在展厅里互相配合。如利用给客户倒茶和递资料的时候说："小张是我们这里最资深的销售人员了，他很有经验，您找他买车，什么问题都可以帮您解决。"客户一听，就会想，"他是专家，我愿意跟他谈。"

肯定成交法运用的时机，是客户对产品有较大兴趣的时候。而且销售人员的赞美必须发自内心，语言要实在，态度要诚恳。

### ④ 从众成交法

客户购车容易受到社会环境的影响，如现在流行什么车，某某名人或熟人购买了什么车，常常将影响到客户的购买决策。但此法不适应于自我意识强的客户。

### ⑤ 优惠成交法

销售中提供优惠条件来促成交易，即为优惠成交法。此方法利用客户沾光的微妙心理，促动客户的心弦，完成交易。但此法将增加成本，可以作为一种利用客户进行推广并让客户从心理上得到满足的一种办法。

### ⑥ 假定成交法

假定成交法，即假定客户已经做出了决策，只是对某一些具体问题要求做出答复，从而促使成交的方法。如对意向客户说："这辆车非常适合您的需要，你看我是不是给你搞搞装饰？"该法较适合老客户、熟客户或个性随和、依赖性强的客户，不适合自我意识强的客户，此外还要看好时机。

### ⑦ 利益汇总成交法

利益汇总成交法是销售人员将所销车型将带给客户的主要利益汇总，提供给客户，有利于激发客户的购买欲望，促成交易。但此办法必须准确地把握客户的内在需求。

### ⑧ 保证成交法

保证成交法即用向客户提供售后服务的保证来促成交易。采取此方法要求销售人员必须"言必信，行必果"。

### ⑨ 小点成交法

小点成交法是指销售人员通过解决次要问题，从而促成整体交易的办法。牺牲局部，争取全局。如售车时先解决客户的执照、消费贷款等问题。

### ⑩ 最后机会法

最后机会法，是指给客户提供最后的成交机会，促使购买的一种办法。如告诉客户公司现在搞促销，若这个期间买车的话，公司会有不少的优惠条件。但这几天刚好是促销活动最后的时间，是得到促销优惠的最后机会，让客户明白"机不可失、时不再来"，变客户的犹豫为确定购买。

又如在谈到车型的时候，销售人员可以问旁边的销售人员："那辆车还有没有了，小李帮我看一看。"小李马上就说："小张，我听说昨天小赵有个客户也要这辆车，不知道他付钱了没有，他要是付了钱这辆车就没有了。"这个客户一听就会紧张，这辆车没有了？因此会很关切："那什么时候才会有啊？请你赶紧去问一下。"销售人员问完以后，先不说结果，而是看客户的表情。客户说，"能不能想办法把这辆车先卖给我啊？"一听客户是这种表示，马上就说，"小赵那个客户讲了，他们两个人再商量一下，可能是下周一交钱。"这位客户一听，马上说，"他下周一，我现在就付钱。"这样，一桩交易就完成了。

## 4. 成交阶段的风险防范

即便到了成交阶段，也不是万事大吉了，还有相当的风险需要销售人员认真考虑，加以防范。在整个销售过程中，一定要"以客户为中心"，以一个销售人员良好的心理素质、高尚的职业道德、合理的知识结构、全面的工作能力为基础，当好客户的"参谋"，消除客户的各种疑虑，促成交易。

### （1）典型的风险分析

#### ① 确定颜色

颜色问题经常会出现。比如客户来了以后，因为有急事，就没跟销售人员绕弯子，也没看样车，一见面就问：黄色的有没有啊？当得到销售人员的肯定回答后，客户说就买黄的。然后，把定金一付人就走了。等客户赶来提车的时候，新车交车前的检查都做好了，也开过蜡，各个方面都清理过了。但客户仔细一看，发现眼前的这款车不是他想要的，因为客户意识中的黄色不是这个黄色。由于当时销售人员并没有确定客户想要的是哪种黄色，所以就出现了纠纷。本来客户定金都付了，现在却不要了。最后客户只能做个让步，买了一个其他颜色的车。但定好的这个车怎么办？已经开过蜡，做过检查，皮带也做好了，往那儿一放，很难卖出去。

### ② 款到发货

因为现在购车大多采用刷卡或支票转账，这种付款方式有一定的时间差，因此交车时钱没到账，也是经常遇到的情况。也许对客户来说，他将支票往财务那里一放，就意味着他付款了，可以将车提走了。但因为"时间差"的关系，支票并不等于钱。在这种情况下就不能让客户将车开走。销售人员一定要严格遵守合同里边的条款，做到款到发货，否则一旦出现问题，打起官司来就麻烦了。对这个风险，一定要事先杜绝，在跟客户谈判的时候，不要躲躲闪闪。

## （2）风险防范举例

### ① 有关价格

● 这车多少钱？

这是一个很直接的问题，但是在汽车销售话术中销售员绝对不能简单回答一句多少钱完事。销售员的回答："先生/小姐您好，我们这款车的价格定位比较人性化，都是根据客户的实际情况来配套配置的，所以价格也就会有所不同。"然后根据客户情况给出不同配置的报价，切忌一开始就给客户报最低的价格。因为你报出低的价格之后即使配置再好，客户也不愿意再出高的价格。

● 这车能优惠多少？

这一问题千万不能一下子把公司给你的底价亮出来，汽车销售话术技巧之一就是和客户磨。销售人员可以跟客户说：我们这个价格是非常优惠的，并且这个价格还有许多的优惠和赠送的精品。销售价格直接关系到公司和个人佣金的收益，不到万不得已宁可赠送礼品都不要轻易给客户一降再降。

● 怎么比网上的价格贵这么多？

这个问题在汽车销售话术中是一个很好回答的问题，汽车销售人员在回答时首先要肯定客户。可以说："嗯，我们的价格确实比网上略高了一点，但您也知道网上的东西都比较虚拟，您也不敢直接就在网上买辆汽车对吧？况且我们这个价格的配置和服务在网上也是没有的，所以这个配置和售后的服务对于这个价格是不贵的。"

● 这车最低多少钱卖？

客户说到这个份上了说明他是真的想买这台车，汽车销售话术要求不能和客户痛快。应该和客户周旋说明这个价格的优势，如果客户坚决要哪个价格才肯买则可以在附加赠送的礼品和售后服务中减少。

● 什么时候车能降价？

这时的客户是处于一个观望的阶段，也就是他是很想要这台车但只是觉得价格不合适。销售人员一定不能随便回客户时间或者不知道就完事，而是抓住客户想要这台车的优势再次打动客户。在汽车销售话术中可以说："这款车在市场上很受欢迎，近期都很难有降价的空间，况且在这个价格的基础上我们赠送的附加礼品也等于降了很多"。

### ② 有关额外优惠

● 还有什么礼品送？

做汽车销售的人都明白公司是有很多的附带礼品赠送给客户的，但也不是随便送。在能说服客户的情况下尽量不要给客户额外赠送其他的礼品，因为礼品也需要成本，赠送礼品就等于在减少自己的佣金。在汽车销售话术中可以跟客户说："我们已经赠送您很多的礼品了，在这个价格上再送的话我们会亏损，很难向公司交代的"。遇到坚持要送东西的客户时，一定要跟客户说我帮您向上级申请，让客户感觉到这个礼品确实有价值以及你帮了他。

### ● 那我回去考虑一下？

聪明的汽车销售人员都明白，这时的客户心理很微妙。一方面客户很想要这台车，另一方面却怕吃亏，心里没底。这时候，汽车销售人员千万不能就这样放客户走，而应该诚心诚意地询问客户的疑虑，如："请问您是不是还有哪些方面的顾虑？有什么疑问可以对我说，我一定帮您解答。"利用巧妙的话术抓住客户的心理，站在客户的角度帮客户分析问题，顺势打消客户所有的顾虑。

### 🌑 三、任务实施

情景模拟：采用角色扮演法，进行模拟谈判并促成最终交易。要求分组轮流扮演，并互相评价。

# 项目六　交车服务与售后跟踪服务

交车前要做好准备，包括准备所有必备文件、对车辆进行检查等。熟悉交车的流程，对车辆和相关文件做好交接和确认。

做好售后跟踪服务就是要掌握一定的技巧，维系良好的客户关系，让保有客户替你介绍新的客户来。

## 任务一　交车前的准备

交车前，汽车销售人员应与客户确定好交车时间、地点，介绍交车流程和所需时间，同时提醒客户需要携带的资料。然后，在交车当天，通知参与交车的相关人员，确保顺利交车。

### 一、任务分析

交车环节是客户最兴奋的时刻。按约定，汽车销售人员要交付客户一辆他喜欢的车。在这个步骤中，如何做得更好，让客户体味到拥有新车的喜悦？这对于提高客户的满意度起着重要的作用，而这也是很多汽车专卖店所忽视的环节。销售人员应记住：在交车服务中与客户建立朋友关系，实际上就是在准备进入新一轮的客户开发。

### 二、相关知识

#### 1. 交车注意事项

#### （1）即将交付的新车必须经过仔细的PDI检查

客户从众多车型中选择了我们的产品，加上广告和展车给客户留下的完美印象，客户对即将提到手的新车期望值非常高，很难接受几乎任何一点瑕疵。所以新车交付前必须进行非常仔细的检查。各主机厂家都会提供检查标准，详细地列在"新车PDI检查表"中，如表6-1。

刚到店的新车由专业的服务技术人员按照"新车PDI检查表"所列的检查点逐一确认，有质量问题时找主机厂或者物流公司索赔，没有任何质量问题后才能入库。

表6-1 新车PDI检查表

| A.外观与内部 | OK | | 39.天窗的操作<br>40.后窗除雾器与指示灯 | ☐☐<br>☐☐ |
|---|---|---|---|---|
| 1.内部与外观缺陷<br>2.喷漆、电镀部件和车内装饰 | ☐☐<br>☐☐ | | 41.各种挡位下空调系统性能<br>42.循环开关 | ☐☐<br>☐☐ |
| 3.随车物品、工具、备胎、千斤顶、随车资料、随车钥匙 | ☐☐ | | 43.电动车窗、主控制板、各车门开关、分控开关及自动开关<br>44.电动及电热后视镜 | ☐☐<br>☐☐ |
| B.发动机部分 | | | 45.时钟的设定及检查 | ☐☐ |
| 4.发动机盖锁扣及铰链<br>5.电瓶电极 | ☐☐<br>☐☐ | | F.关闭发动机 | |
| 6.电解液高度<br>7.主地线 | ☐☐<br>☐☐ | | 46."未关灯"警告灯 | |
| 8.主保险及备用件<br>9.制动液及缺油警告灯（包括ABS） | ☐☐<br>☐☐ | | G.关闭各灯 | |
| 10.液压离合器的液位（自动挡轿车必选）<br>11.发动机油位 | ☐☐<br>☐☐ | | 47.方向盘自锁功能<br>48.手刹调节 | ☐☐<br>☐☐ |
| 12.冷却液位及水质<br>13.动力转向液位 | ☐☐<br>☐☐ | | 49.方向盘角度调整<br>50.遮阳板 | ☐☐<br>☐☐ |
| 14.A/T油位（自动挡轿车必选）<br>15.车窗洗涤液位 | ☐☐<br>☐☐ | | 51.昼/夜后视镜<br>52.中央门锁及遥控装置（警报） | ☐☐<br>☐☐ |
| 16.传动皮带的松紧状况（助力转向、发电机、压缩机）<br>17.油门控制拉线 | ☐☐<br>☐☐ | | 53.室内照明灯<br>54.阅读照明灯 | ☐☐<br>☐☐ |
| C.操作与控制 | | | 55.前后座椅安全带<br>56.座椅扶手 | ☐☐<br>☐☐ |
| 18.离合器踏板高度与自由行程<br>19.制动器踏板高度与自由行程 | ☐☐<br>☐☐ | | 57.座椅靠背角度、座椅及头枕调整<br>58.行李厢盖（后车门）的开启 | ☐☐<br>☐☐ |
| 20.油门踏板<br>21.检查室内保险及备用件 | ☐☐<br>☐☐ | | 59.行李厢灯<br>60.加油盖的开启及燃油牌号 | ☐☐<br>☐☐ |
| D.把点火开关转到位置I | | | 61.后座椅的收放调整<br>62.行李厢盖（后车门）的关闭及锁定 | ☐☐<br>☐☐ |
| 22.收音机调节<br>23.收音机/CD机/DVD机 | ☐☐<br>☐☐ | | H.打开所有的车门 | |
| 24.所有警告灯的检查、ABS、手刹、油压/液位 | ☐☐ | | 63.门灯<br>64.后门儿童锁 | ☐☐<br>☐☐ |
| E.起动发动机 | | | 65.给锁/铰链加注润滑剂<br>66.仪表板车门安全警告灯 | ☐☐<br>☐☐ |
| 25.电瓶和起动机的工作及各警告灯显示情况<br>26.急速 | ☐☐<br>☐☐ | | 67.关闭车门检查安装情况<br>68.一次性闭锁系统 | ☐☐<br>☐☐ |
| 27.洗涤器工作<br>28.前后雨刮器的工作 | ☐☐<br>☐☐ | | I.把车辆完全升起来 | |
| 29.方向指示灯与自动解除<br>30.危险警告灯 | ☐☐<br>☐☐ | | 69.底部、发动机、制动器与燃油管路是否泄漏或破损<br>70.悬架的固定与螺栓 | ☐☐<br>☐☐ |
| 31.侧灯和车牌灯<br>32.大灯及远光灯（远光指示灯） | ☐☐<br>☐☐ | | 71.M/T油位 | ☐☐ |
| 33.雾灯开关<br>34.制动灯和倒车灯 | ☐☐<br>☐☐ | | J.行驶试验 | |
| 35.仪表灯与调光器<br>36.烟缸及杂物箱照明灯 | ☐☐<br>☐☐ | | 76.驾驶性能<br>77.从内部、悬架及制动器发出的噪声 | ☐☐<br>☐☐ |
| 37.喇叭<br>38.点烟器 | ☐☐<br>☐☐ | | | |

续表

| | | | | |
|---|---|---|---|---|
| 78.制动器及手刹<br>79.方向盘自动回正 | ☐☐<br>☐☐ | 87.热起动性能<br>88.用ABS诊断仪检查ABS性能 | ☐☐<br>☐☐ | |
| 80.方向盘振动与位置<br>81.A/T挡位变换（升挡、降挡） | ☐☐<br>☐☐ | 89.制冷剂观测窗<br>90.清洗车辆内外部 | ☐☐<br>☐☐ | |
| 82.里程表行程读数及取消 | ☐☐ | 91.检查车内包括行李厢是否有水漏入 | ☐☐ | |
| | | 问题描述： | | |
| K.最终检查 | | | | |
| 83.故障指示灯<br>84.冷却风扇 | ☐☐<br>☐☐ | 备注　　工单号：＿＿＿＿＿　车型：<br>　　　　里程：＿＿＿＿＿KM | | |
| 85.急速及CO<br>86.燃油、发动机油、冷却液及废气的渗漏 | ☐☐<br>☐☐ | 检查员：　　质检员：　　　服务经理：<br>VIN：　　检查日期：　　特约店名称： | | |

如果从库车中交车，交车前一天要再进行一次详细的PDI检查，主要确认车辆外观漆面、蓄电池和灯光、轮胎气压、雨刮等容易因为搁置而产生问题的地方。

**注意：**

① 根据主机厂规定的"新车PDI检查表"所列事项逐一检查；

② 检查完成后，检查员必须记录、签字；

③ 检查过程发现的问题必须填写"PDI检查反馈单"；

④ 未经过PDI检查，或者检查中发现的问题没有整改到位的，不允许邀请客户交车。

新车出现质量问题几乎是令客户最无法容忍的事情。一方面客户对车辆的期望值非常高，希望它没有任何瑕疵。同时，新车客户对产品也非常关注和挑剔，细小的问题都会引起客户不满，甚至放大到"这是一台不合格的车"这样抵触的情绪。据调查，20%以上的客户投诉集中在3个月5000千米这样的新车期。一旦新车的质量问题引起客户的抱怨，很可能会造成客户再也不进厂服务。这样，后续的汽车精品、保养、维修、保险、再购等价值链就会在一开始早早断裂，给专卖店带来巨大损失。

### （2）在约定的时间内联系客户，确认交车时间

无论所订车辆是否到店，在与客户约定的时间内必须跟客户联系。如果车辆到店，具备交车条件，与客户约定一个相对保守的交车时间，向客户介绍基本的交车流程和所需大概时长，说明客户需要携带的材料和证件。如果车辆未到或者其他原因无法按时交车，向客户致歉并说明原因，表示会密切跟踪车辆物流进度，到店后第一时间通知客户。必要时给延期交车的客户寄送一份礼品、车型资料，或者承诺给予一定的补偿，如一次免费保养等，尽量减轻客户的不满，如图6-1所示。

一旦客户准备提车往往一天也不愿意耽搁。如果因为物流或者其他原因导致无法按期交车，会大大降低客户的满意度。这时必须诚实地告知客户，诚恳地道歉，并说明原因，另外适当赠送礼品表示歉意，或者给予一定的经济补偿也是缓和客户焦急心理的方法。赠送的礼品最好是从主机厂订购的带有品牌Logo的礼品，可以进一步拉近与客户距离。经济补偿最好以保养、汽车精品用品为主，可以承诺提车时兑现。专卖店在常规性的爱车讲堂活动中，也可以请客户前来参加，并赠送其所订购车辆的一些介绍材料，客户有时间去学习车辆使用保养知识，

也可以适当降低等待的焦虑感。

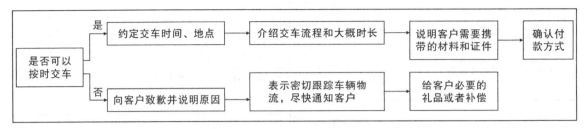

图6-1　确认交车

通过一切办法缓和客户等待心理，减少抱怨，避免退单。

标准话术如下。

### ① 车辆如期到达，可以按时交车

您好赵先生，我是××××专卖店的销售顾问××，很高兴地通知您，您上周订的××款车已经到了，我们也对您的爱车仔细地检查过了，一切都没问题！您随时都可以过来提车，整个交车过程大概一个小时，您看什么时间方便？

#### ● 客户确认了近日来提车

好的，那我们就在×日×时，请您到我们专卖店来办理交车手续。到时我会提前半小时与您联系。再跟您确认一下需要带的材料……（尤其是分期付款的客户，可以在电话后给客户发短信，详细说明需要携带的材料）另外我们非常希望您的家人或者朋友都能一起过来，分享交车过程的快乐！期待您的光临，再见！

#### ● 客户暂时不方便提车

好的，暂时不方便提车的话，您的车辆我们会妥善保管。如果您能定下来时间请提前通知我。我也会在下周再与您电话确认一下。再见！

### ② 车辆不能如期交付

您好赵先生，我是×××专卖店的销售顾问××，很抱歉地通知您，因为××××原因，您上周订的××车还没有到，预计还要××日能到，给您带来的不便我们深感抱歉。我们会密切跟踪车辆进度，一旦到店会第一时间通知您。

#### ● 如果延期时间较短

我们会给您寄送一份产品使用的材料，您可以先看看，提前了解一下车辆的功能和使用，这样过几天车到了您就可以比较熟悉了。另外，我们本周末还有一个面向新车主的爱车讲堂活动，详细地介绍产品的使用、保养等方法，方便的话也欢迎您抽空来参加。

#### ● 如果延期时间较长

这次确实会让您等待较长时间了，为了表示歉意，我也特地向公司申请了一点政策，您来提车的时候我们会送您一次免费的保养（一套脚垫……）。虽然不多，仅表示歉意。

#### ● 诚恳地表示歉意

表示自己会密切跟踪进度，会尽一切可能最快给客户交车。同时给客户一定的补偿，避免客户的退单。

★【看一看】

**PDI检查的注意事项**

做PDI检查，一般情况下需要三四个小时。因此，销售人员对客户也要讲至少三四个小时，同时还要保守一些，以防止新车做PDI检查时出现问题。

★【案例】

一客户来专营店买了车，很开心。客户说："我付全款给你都没问题，你给我做一下检查。什么时间可以拿，我出去绕一圈。"

销售人员说："两三个小时以后，我给你车。"

因为这个客户很兴奋，他想早点拿到车，所以不到两个小时他就回来了。在对车进行检查时发现了问题，起重机把这个新车抬起来以后发现变速箱漏油，而库房就剩这一台车了。了解到客户在三个小时之后才取车，以为还来得及，就把车拆了，换了油封，把变速箱也拆了下来。拆一个变速箱不是简单的事情，要拆很多零部件。没想到这个客户提前回来了。当时客户对拆车并没在意。

客户问道："你不是说两三个小时吗，现在已经两个小时了。"

销售人员回答说："还在做检查呢，你再等一会儿。"

这个客户有点不高兴了。三个小时后变速箱还没装好。销售人员又对他说："你再稍等一会儿，马上就好了。"

车子拆装完之后开了出来。客户一看，这个车不就是刚才在起重机上拆的那辆吗？他生气地说："你凭什么拆我的车啊？"

这个案例说明，PDI检查在时间上一定要向客户说得保守一些，不能把时间说得太急。

有些汽车4S店说，他们做新车检查个把小时就好，那肯定是骗人的。客户不懂没关系，但客户会跟别人说。这个车有成千上万个零部件，做检查要涉及机修岗位、油漆岗位、电工岗位，还涉及其他的岗位，怎么可能一个小时就做好？在正规的汽车销售流程里绝不允许出现这样的情况。对检查时间的设定，保守一点讲要三四个小时，这还要看情况。如果一款车车库存有两辆以上的话，销售人员可以将时间设置得紧凑一点，因为实在不行还可以另外调一辆车。可如果只有一辆车了，却跟客户约定两三个小时，这是销售人员对自己的不负责任的表现，一旦出现问题，极易扩大矛盾。

## 2. 交车准备

交车是销售人员工作的完成，也是客户新车旅途的开始。为顺利实现这个过渡，交车前须做好充分的准备，如交车场地、参与人员、相关资料等，如图6-2所示。

### （1）最终确认良好的车辆状态，准备好相关交车资料

最后一次确认车辆状态，尤其是四门拉手、座椅、灯光、手套箱等常见客户接触点的状态应良好；库存车确认蓄电池桩头已经做了紧固；轮胎气压正常；车内地板铺上保护纸垫；帮助客户调整好收音机的频道和时钟时间；加好1/4箱油，至少保证客户能行驶100千米左右。确认车辆没有功能和外观

图6-2　交车

质量瑕疵后，对即将交付的新车进行内外部清洗，包括轮胎也要清洗干净。

再次确认交车相关资料完整，包括车辆使用说明书、保修手册、三包凭证、车辆合格证、车辆一致性证书、VIN码拓版等，这些交车资料整齐地放置在统一制作的交车资料袋中，以免遗失。

新车交车时一般要赠送给客户一份礼品以示谢意，可以是鲜花，也可以是大礼包等，原则上每一辆新车交车时都应送给客户。这需要与专卖店负责人提前明确下来，交车前销售人员通知到相关人员准备好即可。

交车日的车辆检查是避免车辆瑕疵的最后机会，一定要认真执行。另外收音机、时钟、纸垫等人性化调整会让客户感到格外的关怀。

**今日交车**

＿＿＿＿＿＿ 先生/女士

＿＿＿＿＿＿ 先生/女士

＿＿＿＿＿＿ 先生/女士

＿＿＿＿＿＿ 先生/女士

恭喜您成为东风本田家族成员

衷心祝福您：

**路路平安 事业辉煌！**

全体员工贺

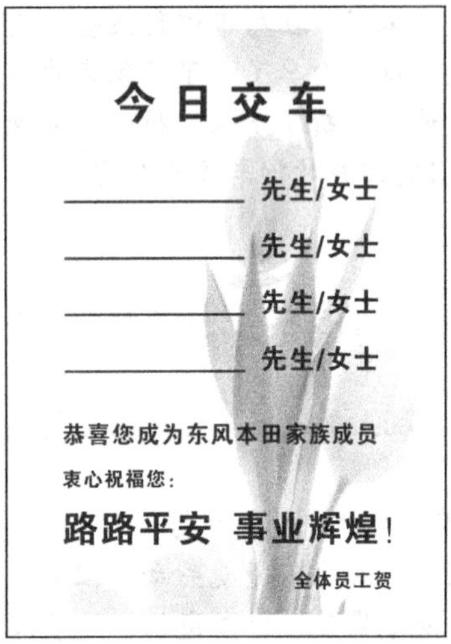

图6-3　交车区客户姓名水牌

### （2）做好交车区的布置和装饰，更新交车看板上的客户名称

专卖店要专门辟出一块区域用于交车，最好位于展厅内一角，便于车辆驶入，也便于现场布置。个人客户交车时，现场布置要注意灯光的颜色和亮度，背景音乐也要选择欢快的曲调。将清洗好的车辆开到交车区，在车辆引擎盖上扎红花，左右倒车镜系上红绸带（如果大客户集中交车时，可以在户外举行，搭展台、背景板、彩虹门，并邀请演艺乐队活跃气氛）。

交车区立一块水牌，上面写上即将交车的客户姓名，交车区布置时同时更新。这样客户提车时能看到自己的名字被热情地渲染，也会更加开心，如图6-3所示。

### （3）通知相关人员做好准备，尤其是服务交接人员

三位一体交车中，服务人员的介入是非常重要的环节。原则上服务经理参加客户交车，也可以是前台主管或者给客户指定的服务顾问。销售顾问确认好交车时间后，一定要及时确认当日交车时能参与的服务人员。

### （4）最终确认准确客户到店时间

在与客户预约时间的前30分钟，再次与客户确认准确的到店时间，确认客户已携带了相关材料。

标准话术如下。

您好赵先生，我是××××专卖店的销售顾问××，上次我们约好了今天××点在我们专卖店交车，您现在在来的路上了吧？需要带的××等提车材料也都随身带了吧？

客户可以准点到：好的，您的车辆和其他相关资料我们已经准备好，就等您了！

客户表示要延期：没关系的，您看哪天方便我们再订一下时间，我们好提前把您的车辆和相关资料准备好。

最后确认是为了保证客户准点到店，相关的人员在交车区时刻待命。重点确认客户所需的资料都带齐了，其余的事情请客户放心。如果客户无法按时到达，与客户约好下次时间。

★【看一看】

如图6-4所示，销售部把工联单下到库管，库管接到工联单以后对号入座，把客户所购的新车提出来，然后交给售后服务部，由售后服务部拿去做检查。

在工联单里，应该包括客户的一些要求，如客户想要添加的配件等。售后服务部一看工联单，就知道哪些东西需要加装进去，从而一并办好。工联单里还有客户提车的具体时间，也就提示着售后服务部，应该在规定的时间内完成所有事情。

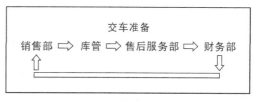

图6-4　交车流程图

售后服务部完成了自己的工作之后，把车开到交接处，连同工联单的文件夹和车钥匙全部交给财务部。由财务部通知销售部是否可以交车，因为财务部知道客户的钱是否到账。若客户的车款到账了，财务部应马上通知销售部门。这时候，销售部门就可以打电话通知客户过来提车了。

## 三、任务实施

采用角色扮演法，模拟交车场景。

场景设定：销售人员小赵电话预约客户张先生本周三上午10点来店提车。周三张先生准时来到展厅，小赵为客户办理了交车手续，张先生开车愉快地离开了4S店。

要求：两人一组分工，按角色进行演练。由指导教师评分，并选出优秀小组进行示范展示。

# 任务二　交车流程

交车流程是一个令人心动的时刻。不仅客户的快乐难以言喻，汽车销售人员也因交易的顺利实现而乐在其中。而经过精心设计的交车过程，除了可以满足客户的兴奋心理，也为销售人员挖掘客户身边的潜在客户做好了铺垫。

## 一、任务分析

汽车销售人员按照标准的交车流程，为客户提供别具特色的服务，会使客户感受到销售人员及所有工作人员都在分享他的快乐。同时，在交车过程中，汽车销售人员还可以通过热情、专业的职业形象，加深客户的印象，并以此为机会发掘更多的销售机会，拓展汽车的品牌形象。

## 二、相关知识

### 1. 交车前预约和接待

#### （1）预约

预约是交车前的重要环节。俗话说，有备无患。提前就交车事宜进行预约，有助于销售人员和客户提前规划交车事项。即便发生意外事件，也能及时有效地采取措施，确保交车流程有条不紊地进行。

##### ① 预约客户

汽车销售人员在交车的前一天，应该电话联系客户，商量具体的交车时间，询问与客户的同行人员、交通工具以及客户有什么特别要求，并提醒客户携带好交车时必备的证件。若有延误以致影响预定的交车日期和时间，应对客户表示歉意，同时说明延误的原因并重新确定交车时间。

##### ② 预约相关工作人员

交车前，汽车销售人员要事先协调好售后服务部门及客服中心，确保交车时相关工作人员在场。

#### （2）接待

安排好到店客户的接待，收集完善的客户档案，简要说明交车过程。
①根据客户最后确认到店时间，最好在客户到店的第一时间出门迎接。
②热情地邀请客户到洽谈区落座，递上茶水饮料。
③给客户戴上交车贵宾证（或者胸花等其他新车主的标识）。

④如果客户非常急切地想看看自己的车，可以带客户参观一下，同时说明等下会详细地给客户介绍、检查确认，然后引导客户回到洽谈区。

⑤补充完善客户信息卡，尽可能全面地收集客户信息，除电话、地址、身份证等基本信息外，包括客户行业、兴趣爱好、电子邮件、第二联系人等，这些都是后期开展针对性客户关怀的重要资料，见表6-2。

⑥简要说明随后的交车环节。

表6-2 客户信息卡

销售顾问：_____　　　　　　　　　　　　　　　　客户信息编号：_____

| 潜在客户分级 | | 保有客户分类 | | | | | 建卡日 ____年____月____日 | | | |
|---|---|---|---|---|---|---|---|---|---|---|
| 个人客户资料 | 车主姓名 | | | 性别 | ○男 ○女 | 生日 __年__月__日 | | 身份证件编号 | | |
| | 服务单位/行业 | | | 职位 | | 办公电话： | | 移动电话： | | |
| | 常驻地址 | | | | 家庭电话： | | | E-mail： | | |
| 单位客户资料 | 公司名称 | | | 行业 | | 电话 | | 传真 | | |
| | 公司地址 | | | 单位负责人 | | 电话 | | 手机 | | |
| | 业务联系人 | | 职位 | | 购车决策者 | | 电话 | | 手机 | |
| 车辆资料 | 车型： | | 车身色： | | 付款方式 | | 购买类型 | 客户来源 | | 介绍人 |
| | 车架号： | | 钥匙密码： | | | 贷款行：____ | ○新购 ○本品牌换购 ○他品牌换购 ○其他 | ○开拓 ○介绍 ○来店/电○展会 ○基盘 ○其他 | | 电话 |
| | 生产日期： | | 音响PIN： | | 分期 | 到期日：____ | | | | 手机 |
| | 交车日期： | | 其他： | | | 月付款：____ | | | | |
| 来店契机 | ○报纸 ○电视 ○互联网 ○广播 ○杂志 ○户外 ○朋友介绍 ○路过 ○其他 | | | | | | 竞争品牌 | ①_____ ②_____ ③_____ | | |

| 相关信息 | 适合拜访的场所 | ○客户公司 ○住址 ○其他 | 关注车型 | 购车相关明细 | | | | | |
|---|---|---|---|---|---|---|---|---|---|
| | 适合拜访的时间 | ○周末 ○白天 ○工作日 ○晚上 ____时____分 | 购车预算 | 车辆信息 | | 新车保险 | | 续保 | |
| | 客户兴趣①____ ②____ ③____ | | 关注问题： | 购买价格：_____ 装饰价格：_____ 上牌时间：_____ 牌照号：_____ | | 险种：_____ 金额：_____ 保险公司：_____ 其他：_____ | | 第二年：___ 第三年：___ 第四年：___ 第五年：___ | |
| | | 姓名 | 称谓 | 生日 | 职业 | | | | |
| | 家庭状况 | | | | | 其他共有车型 | 品牌 | 车型 | 销售店 | 购买日期 | 保险公司 | 车牌号 | 备注 |
| | 备注 | | | | | | | | |

标准话术如下。

您好赵先生，恭喜您今天过来提车。我们这边的相关材料都已经准备好了，您先在这边休息区稍候（端上茶水），我去帮您把相关的资料带过来，马上我们就来办理交车手续。

## 2. 车辆与相关文件的交接

### （1）交验车辆

我们常说"新娘是天下最美的女人"，对于客户而言，刚刚提到的新车同样也是最完美、最光芒四射的，从面漆到内饰都完美无瑕。专卖店的工作人员每天都在和无数车辆打交道，也许会有些审美疲劳，但面对即将交车的新车车主，一定要和他们一样满怀欣喜，把新车最完美的状态和自己的喜悦都呈现给客户。这个环节与客户共同确认交付的车辆没有质量瑕疵，并告知基本的功能使用。

#### ① 销售顾问引导客户到交车区，陪同客户检测车辆，并做详细的绕车介绍

主要确认即将交付的车辆外观无瑕疵，各常用功能件状态正常并介绍其用法。介绍过程中尤其注意对客户看中的产品特点再次指出和赞美，让客户感到自己的眼光得到认可。整个过程按顺序依次介绍，基本流程如下：

- ●确认外观钣金平整、漆面无瑕疵。
- ●确认内饰件、顶棚、座椅等状态良好。
- ●介绍点火开关、挡位、方向盘锁等。
- ●介绍方向盘功能键、座椅功能、灯光、雨刮等操作。
- ●介绍仪表板及指示灯、室内灯光。
- ●介绍空调、导航、音响、时钟等控制面板。
- ●介绍油箱盖、发动机舱盖的开关。
- ●打开发动机舱，介绍机油、玻璃水、防冻液等油水的检查和添加。
- ●打开后备厢，介绍随车工具，并示范使用。

介绍完毕，在新车交接单签字确认。

标准话术如下。

您好赵先生，首先恭喜您今天可以提到新车。在此之前我们已经对您的爱车做了全面的PDI检查，现在我陪您一起再确认一下车辆的质量，顺便也跟您介绍一下车辆各项主要功能的使用。整个过程大概二十分钟。您看我们现在去可以吗？

交验车辆中赞美客户的选择："上次您一眼就看上这款车的流线型，您真的很有眼光啊，这款车的车身曲线完美地符合了空气动力学的要求，风阻系数只有0.3，是同类车型中最低的了"。

#### ② 确认无质量瑕疵后，请客户在新车交接单签字

按照新车交接单上的事项逐一向客户介绍和确认后，请客户在新车交接单上签字确认，说明客户对新车的外观认可。据统计，约有20%的客户投诉是购车不满三个月的新车客户投诉，而其中相当大的一部分就是刚提到车一周左右的客户对车辆面漆、随车工具的投诉。请客户仔细确认后签字也是避免后期新车投诉纠纷的重要依据。

### （2）相关文件的交接

销售顾问向客户介绍并检查完车辆，确认没有质量瑕疵，客户在新车交接单上签字后，即可办理交车相关手续。

①销售顾问向客户简单介绍办理各种手续的环节和大概时间。

②确认客户付款方式，并引导客户到财务付款。

③将购车发票、保修手册、三包凭证、使用说明书、合格证等相关材料集中交付客户。

首先，向客户依次说明每份资料的作用是什么。然后，对于随车资料的重点部分，如保修期和首保提醒、车辆功能使用的重点提醒等，可以用书签或折页的形式特别标记并指给客户看到。最后，所有这些资料一一清点后，装入一个统一的交车资料袋交付给客户。

标准话术如下。

您好赵先生，这是您新车的相关资料。这是合格证和购车发票，给您收好，马上办理保险、上牌等事项的时候都会用到。这本是保修手册，您爱车每隔××××千米要做一次保养，每次保养需要检查或更换的项目这里都有详细的说明，还有各个零部件的保修期也有说明，售后服务的问题等下我们的服务人员还会给您详细介绍。这本是您的车辆使用说明书，刚才给您介绍车辆时提到的ABS、倒车雷达、自动泊车等功能，还有紧急情况下的救援工具和方法等在这里都有详细的说明。重点部分我们还放了书签，方便您查看。还有不明白的地方也欢迎随时问我，或者致电我们的服务热线。

这些资料我帮您都放在这个袋子里了，请您收好。

④说明会有专人陪同客户办理购置税、上牌等项目。

首先与客户说明新车入户要办理的相关流程，提示保险是第一位的工作，并引导客户在专卖店购买保险。说明专卖店可以安排专人陪同客户办理后续上牌手续，并与客户约定时间。

对于每一位新车客户，原则上专卖店都要安排专门的人员陪同客户办理购置税、上牌等事项，直到客户拿到牌照（临时牌照）可以正式上路。

★【看一看】

相关文件，主要包括汽车的合格证、三包凭证、使用说明书，还包括发票（一式三联，一联是客户的购车发票，一联是交给购车附加税的，还有一联是给交管部门上牌登记用的）。此外，文件还包括汽车的保修手册。这些文件要分开，并指给客户查看，然后纳入文件包，当面交给客户。

### 3. 售后服务的交接

服务交接是三位一体交车中最重要的一环，通过销售和服务的无缝衔接，可以让客户对后期服务感到放心，有任何服务问题能快速找到联系人，能知道如何处理。

①销售人员引导客户到洽谈区，介绍客户给售后服务人员。售后服务人员最好是服务经理，也可以是服务顾问。

②服务人员介绍专卖店服务能力、车辆保修权利、使用保养常识、紧急救援、服务热线，以及其他增值服务。

③递送售后服务的相关宣传材料，引导客户参观车间，建立客户对专卖店服务能力的信任。

标准话术如下（服务人员介绍）。

您好赵先生，我是本店的服务经理×××，首先祝贺您提到自己的爱车！这是我的名片，上面有我的电话和我们店的服务热线。以后您的车辆遇到任何问题，欢迎跟我们联系！

●介绍服务站的服务能力，如面积、工位、人员、服务项目、服务流程等。

我们服务站建筑面积3000多平方米，有各种维修技术人员××人，能完成包括保养、项修、钣金等在内的全部车辆维护，是××汽车标准的服务站。主要岗位的技术人员都经过××公司培训和认证，能熟练地进行车辆的诊断和维修。除了维修保养外，我们还可以做车辆美容、汽车保险代理等。

●客户车辆的服务权利和重要注意事项，如保修权利、强制保养、易损件更换与保修、纯正备件等，并预约首保时间。

您的××轿车享受×年×万千米的整车保修。保修期内出现的产品质量问题我们无条件担保修复。当然，有些本身就是易损消耗件，比如轮胎、刹车片等都还是要定期更换的，不可能用到整车保修期这么长。这些在您的保修手册中都有详细介绍。

另外，您的车辆在3个月或者到5000千米的时候，请一定到专卖店来保养。这次保养是免费的，而且也是强制的，是您后期整车保修的重要前提，所以一定要按时进场，并且别忘了带保修手册。强保以后请您每5000千米到我们这做一次例行保养。如果您当时正好在外地出差，也可以就近在当地的××汽车专卖店进行保养，我们都是全国联保的。

还有一个提醒，您进店维修保养前最好提前几天与我们电话预约一下，以便我们准备好维修人员、备件等，保证您的车辆一到就能快速开展工作，节省您的时间。

●介绍新车使用的正确方法及操作方式等，如车辆关键部位的使用、节油技巧、安全驾驶技巧、日常基本检查维护等。

您的车辆只要每5000千米例行进场保养一般都不会有什么问题，平时开车的时候注意一下仪表台上有没有报警灯，比如发动机故障灯、机油告警灯、ABS灯亮的时候请及时与我们联系。还有轮胎气压如果太低，开车的时候感到颠簸的话一定要及时检查。

●介绍出现紧急情况的应急处理方法及寻求帮助的联络方式。

我们服务站有24小时服务电话，号码是××××××，这个号码随时有人接听。万一您的车辆出现问题，比如抛锚了，请及时跟我们联系。

如果是新车客户，而且对售后服务比较关心，可以多介绍一些服务知识，也可以带客户到维修区参观。如果客户沉浸在交车的兴奋中而很难听进去，服务人员则简单介绍后交换名片即可，更细致的服务介绍在随后的新车回访中进行，不打扰客户提车的兴奋感。

★【看一看】

### 售后服务交接的要点

●售后服务包括保养和保修。应为客户详细列出：在购车的这个城市，这个品牌有几个特约维修站，出了这个城市以后，全国范围内又有多少特约维修站，分别在什么地方。

●请服务站的经理或相关人员到场，与客户一起拍照，既做个纪念，也顺便交接一下。销售人员应告诉客户，往后在使用过程中出现任何技术问题，或对车辆状况有疑问，都可以打电话给技术服务部的经理，寻求解决。

## 4. 交车仪式

为什么要有简短热烈的交车仪式？因为通过仪式可以向顾客传递这样的信息：我们是专业的、可以信赖的经销商，是能够为顾客提供优质售后服务的团队。选择恰当（个性化）的赠品来赢得顾客关注。

交车仪式包括开场白、介绍、个性演讲、祝贺、赠送礼物、欢送。

## （1）开场白、介绍内容

①向顾客介绍服务顾问，由服务顾问介绍服务部的时间、预约流程，并递交名片。

②向顾客及其家属赠送鲜花、小礼品，拍纪念照等，并鼓掌表示祝贺。

③主动询问周围是否有潜在顾客。

④陪同试车或提供送车服务（如顾客需要）。

⑤请顾客填写"顾客满意度调查表"（客服部负责）。

## （2）欢送前工作内容

①确认顾客可接受的售后跟踪联系方式，说明跟踪目的。

②感谢顾客选择产品，并恭喜顾客拥有了自己的新车。

③提醒就近加油，并指明具体位置，提供出门证。

④根据顾客去向，指导行驶路线。

⑤送顾客到门口，目送顾客远去至看不见为止。

## 5．欢送客户

客户接待有始有终，交车完成后，要礼貌送别客户。预计客户到达后，再跟踪问候一下，给客户的感觉更温暖。

①告知客户随后会有人员对其进行回访，让客户有心理准备。

标准话术如下。

您好赵先生，现在我们所有的手续都办完了，感谢您对我们的支持和配合。为了更好地为您服务，我们会在随后几天对您进行回访，了解您车辆使用的情况，如果您使用中遇到什么问题请及时跟我们反馈。时间不长，大概也就三分钟吧，您对我们电话回访的时间段有特别要求吗？

②车辆移至店门口，合影人员与客户道别并目送客户驾车离开，直至离开视野。

③估计客户到达目的地后，电话跟踪，确认安全到达。

# [ 任务三　售后跟踪服务 ]

售后跟踪服务，是汽车销售最后一个流程，也是非常关键的流程。通过售后跟踪服务，可以减少或消除客户的误解、抱怨，使客户感受到关心和尊重，从而与客户建立更加牢固的关系，获取客户忠诚。

## ◐ 一、任务分析

汽车售后跟踪的目的，首先是让顾客体验到一切为了用户、"顾客至上"的服务理念和品牌形象。其次，期望与顾客保持长期的联系，使顾客对营销人员的服务满意，从而为公司赢得后市场服务的机会。再者，通过老顾客的口碑带来更多的潜在顾客，赢得更多的销售机会。最后，汽车售后跟踪可以确保车辆出现问题后，能够得到及时的处理和解决，使顾客没有后顾之忧，信赖品牌，依赖品牌，最终赢得顾客的忠诚。

## ◐ 二、相关知识

### 1. 客户关系的维系

维系客户关系，可以提高客户的满意度，稳定现有客户，创造忠诚客户，从而使客户为企业创造更多的价值。这是汽车4S店扩展销量、获取盈利的有效途径，也是企业长期发展的根本。

#### （1）客户关系维系的内涵

##### ① 维系客户关系的含义

客户关系的维系，是指客户买车以后，在相当长的一段时间内不再联系销售人员，但销售人员应不停地与客户保持联系，以维持客户忠诚和发掘客户价值。比如说天气预报今天有雨，销售人员就给客户发短信，提醒客户开车路滑小心一点。若天气预报说冷空气马上要来了，又发短信提醒客户多穿一点衣服不要感冒。这样的事情做多了、做长了，客户也会习以为常，要是有一段时间没有收到短信，也许心里甚至有点空落。这样，客户的感情线就拉起来了，以后有什么情况，自然首先就想起你。

##### ②维系客户关系的价值

汽车销售，是否在交车流程完成以后就万事大吉了？其实不是。恰好相反，交车服务的结束，只是代表一个新的开始。一方面，客户购车之后的保养、维修支出以及二次购买的利益，都将给汽车专卖店带来可观的经济效益。另一方面，新客户也是一座桥梁，是招引更多新客户的有效手段。因为开发一个客户很难，但通过客户来介绍新客户就容易得多。这就是销售人员各显神通，努力维系客户关系的原因所在。

## （2）维系客户关系的形式

就像朋友之间的关系有深有浅一样，客户关系的维护也是由浅入深的层进过程。

第一层是最基本的交易关系，比如我们的新车价格低、配件和工时价格便宜、提供优惠保养套餐等，都是在价格上给客户以优惠，这是最常见也是最简单的关系维护方式。

第二层是情感关系，比如服务顾问拜访、节假日问候、爱车讲堂解决客户车辆使用的疑惑、客户咨询和投诉快速有效处理、提供个性化保养方案等，都是在情感上和客户拉近距离，让客户感受到专卖店的关注和体贴。这样的客户可以接受一定的专卖店信任度溢价，但如果价格和其他竞争对手差距过大时，客户也会离开。

第三层是社会联系，比如车友会组织的自驾游、公益活动、亲子联谊会，还有像其他行业的消费优惠卡等异业联盟。这样把客户车主的身份融入社交和生活的圈子中，如果离开了这个专卖店很可能也就离开了一个圈子，这样也就有效地提高了客户退出的壁垒，更好地维护了客户的关系（图6-5）。

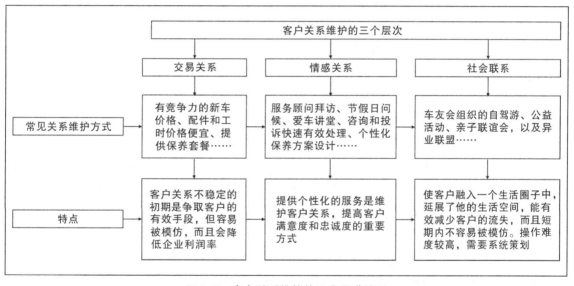

图6-5  客户关系维护的三个层进关系

## （3）维系客户关系的方法

### ① 感谢信

应该什么时间发出第一封感谢信，各个汽车公司、4S店的做法都不一样。一般来说，感谢信应该在24小时之内，最好是客户提车的当天，销售人员马上就把感谢信寄出去。因为在同一个城市，这个客户开车还没到家呢，卡片就到了，客户就会认为这家公司服务真不错，很及时。难免就会向自己的朋友或同事进行推荐，从而起到最好的宣传效果。

### ② 回访电话

在什么时间向客户打出第一个回访电话？这很有讲究，通常应在24小时之内。因为客户提车以后，往往不看说明书，遇到不知道的功能总喜欢乱摸，这就容易出问题。若拨打回访电话的时间太迟，基本上该出什么事情都全出来了，极易引发客户对车辆的不满。可是，若销售人员能赶在24小时之内拨打客户的电话，也许正好是雪中送炭。可能客户会说："有一个间歇性的雨刮器，但我不知道该怎么使用。"这时销售人员就可以通过电话告诉他，该如何如何操作。虽然是一件小事，却能让客户感到这个公司不错，没把他忘记，也会对销售人员产生好感。

第一个电话打完以后，还要不要打？其实还应继续拨打电话。第二次电话应在一个星期之内打，且最好由销售主管或公司经理拨打。拨打这个电话的目的是为了询问客户的满意度，是否有什么不如意的地方，并切实表达对客户用车过程的关注。显然，接到这样的电话，客户心里一定非常高兴，感觉很受重视，对将来的售后服务也更有信心。当然，接下来还应有第三次、第四次电话回访甚至更多，将客户关怀落实到位。

## 2. 售后跟踪服务的内容和要求

售后跟踪服务，是现代汽车维修企业服务的重要组成部分。做好售后跟踪服务，不仅关系到汽车企业的信誉，更关系到客户对企业的满意度。

### （1）具体内容

①整理顾客资料、建立顾客档案。顾客送车进厂维修养护或来公司咨询、商洽有关汽车技术服务，在办完有关手续或商谈完后，业务部应于两日内将顾客有关情况整理制表并建立档案，装入档案袋。顾客有关情况包括：顾客名称、地址、电话、送修或来访日期，送修车辆的车型、车号、车种、维修养护项目，保养周期、下一次保养期，顾客希望得到的服务，在本公司维修、保养记录（详见"顾客档案基本资料表"）。

②根据顾客档案资料，研究顾客的需求。业务人员根据顾客档案资料，研究顾客对汽车维修保养及其相关方面的服务的需求，找出"下一次"服务的内容，如通知顾客按期保养、通知顾客参与本公司联谊活动、告之本公司优惠活动、通知顾客按时进厂维修或免费检测等。

③与顾客进行电话、信函联系，开展跟踪服务。业务人员通过电话联系，让顾客得到以下服务：

● 询问顾客用车情况和对本公司服务有何意见。
● 询问顾客近期有无新的服务需求需要本公司效劳。
● 告之相关的汽车运用知识和注意事项。
● 介绍本公司近期为顾客提供的各种服务，特别是新的服务内容。
● 介绍本公司近期为顾客安排的各类优惠联谊活动，如免费检测周、优惠服务月、汽车运用新知识晚会等，内容、日期、地址要告知清楚。
● 咨询服务。
● 走访顾客。

### （2）礼仪要求

售后服务工作由业务部主管指定专门业务人员——售后服务顾问负责完成。售后服务顾问在顾客车辆送修进场手续办完后，或顾客到公司访谈咨询业务完毕后，两日内建立相应的顾客档案。售后服务顾问在建立顾客档案的同时，研究顾客的潜在需求，设计拟定下一次服务的针对性通话内容、通信时间。

①售后服务顾问在顾客接车出厂或业务访谈、咨询后3天至1周内，应主动电话联系顾客，进行售后第一次跟踪服务，并就顾客感兴趣的话题与之交流。电话交谈时，业务员要主动询问曾到本公司保养维修的顾客车辆运行情况，并征求顾客对本公司服务的意见，以表达本公司对顾客的真诚关心与在服务上追求尽善尽美的态度。对顾客谈话的要点要做记录，特别是对顾客的要求、希望或投诉，一定要记录清楚，并及时予以处理。能当面或当时答复的应尽量答复；不能当面或当时答复的，通话后要尽快加以研究，找出办法；仍不能解决的，要在两日内报告业务主管，请示解决办法，并在得到解决办法的当日告知顾客，一定要给顾客一个满意的答复。

②在"销售"后第一次跟踪服务的1周后的7天以内，售后服务顾问应对顾客进行第二次跟踪服务的电话联系。电话内容仍要以顾客感兴趣的话题为准，内容避免重复，要有针对性，仍要体现本公司对顾客的真诚关心。

③在公司决定开展顾客联谊活动、优惠服务活动、免费服务活动后，售后服务顾问应提前两周把通知以电话方式告知顾客，然后于两日内视情况需要把通知信函向顾客寄出。

④每一次跟踪服务电话，包括顾客打入本公司的咨询电话或投诉电话，经办服务顾问都要做好电话记录，登记入表，并将电话记录存于档案，将电话登记表归档保存。

⑤每次发出的跟踪服务信函，包括通知、邀请函、答复函都要登记入表，并归档保存。

## ★【看一看】

世界上有一个汽车销售大王叫乔·吉拉德，他曾在14年内共卖出13001辆汽车，平均每天就销售6辆。乔·吉拉德凭借令人咋舌的业绩，连续12年荣登世界吉尼斯纪录大全世界销售冠军的宝座。他是怎么做的呢？

### ●一照、二卡、三邀请

一照，就是他卖车给客户之后照相；二卡，就是给客户建立档案；三邀请，就是他一年要请这个客户到他们公司来三次，包括忘年会、这个汽车文化的一些活动、"自驾游"等。

### ●四礼、五电、六拜访

四礼，就是一年当中有四次从礼貌的角度出发去拜访客户，包括生日、节假日等；五电，就是一年当中要给客户最少打五次电话，问客户车况如何，什么时间该回来做维修保养等，同时打电话问候客户；六拜访，就是一年当中基本上每两个月要去登门拜访一次，没事儿也没关系，就感谢他买了你的车，你路过他这儿就来看看他，这个客户也感动，就说谢谢你。你就说，"您别谢，您要想谢我，您给我多介绍一些客户来，这就是对我最大的感谢了。"你经常在每两个月都要提示一下客户，有没有新客户来买车。这样你的客户能不多吗？

通过以上这些方法，乔·吉拉德就把与客户的友好关系推向了一个高潮，与客户建立起了长期的客户关系。在这种关系下，客户会帮乔·吉拉德介绍产品，帮他在自己的朋友圈子里做宣传。因为客户买了车回去以后很开心，于是就会到处宣扬，自然能够触发他朋友圈子里的人。当这个人买车的时候肯定会找该客户咨询，问他这个车在哪儿买的，买车时感受如何等。这时候该客户就会讲，"我在哪家买的，那个销售人员不错，你要买车我带你去，价格能和我这个车一样，服务也很好。"就这样该客户又为乔·吉拉德带来了一个新客户。

## 3. 未成交客户的跟踪服务

对于未成交的客户，销售人员也不应轻易放弃，而要采取主动出击的方式，如上门拜访、电话联系等方式，接近客户并进行深入的接触，以获取更广泛的客户资源，扩大汽车销量。

### （1）上门拜访

上门拜访客户，尤其是第一次上门拜访客户，互相之间难免存在戒心，不容易放松心情。因此，汽车销售人员在拜访之前，就应做好充分的准备，设想各种情境下的应对方式。登门后，力求给客户留下良好的第一印象。

#### ① 准备工作

● 资料准备

"知己知彼百战不殆！"作为营销人员，不仅仅要获得潜在顾客的基本情况，例如对方的性格、教育背景、生活水准、兴趣爱好、社交范围、习惯嗜好以及和他要好的朋友的姓名等，还要了解对方目前得意或苦恼的事情，如乔迁新居、结婚、喜得贵子、子女考大学，或者工作紧张、经济紧张、充满压力、失眠、身体欠佳等。总之，了解得越多，就越容易确定一种最佳的方式来与顾客谈话，还要努力掌握活动资料、公司资料、同行业资料。

● 工具准备

"工欲善其事，必先利其器"。一位优秀的营销人员除了具备锲而不舍的精神外，一套完整的销售工具是绝对不可缺少的战斗武器。中国台湾企业界流传的一句话是"推销工具犹如侠士之剑"，凡是能促进销售的资料，营销人员都要带上。调查表明，营销人员在拜访顾客时，利用销售工具，可以降低50%的劳动成本，提高10%的成功率，提高100%的销售质量！销售工具包括产品说明书、企业宣传资料、名片、计算器、笔记本、钢笔、价格表、宣传品等。

● 信心准备

事实证明，营销人员的心理素质是决定销售成功与否的重要原因，不仅要突出自己最优越个性，让自己人见人爱，还要保持积极乐观的心态。

● 微笑准备

如果希望别人怎样对待你，首先就要怎样对待别人。许多人总是羡慕那些成功者，认为他们总是太幸运，而自己总是不幸。事实证明好运气是有的，而且好运气往往偏爱诚实且富有激情的人！

#### ② 拜访过程

● 确定进门

俗话说："善书者不择笔，善炊者不择米。"拥有良好的拜访礼仪习惯将会事半功倍。

·敲门礼仪：进门前先按门铃或敲门，然后站立门口等候（图6-6）。敲门以三下为宜，声音有节奏但不要过重。

·话术："××先生／女士在家吗？""我是××汽车销售公司的小×。"主动、热情、亲切的话语是顺利打开顾客家门的金钥匙。

·态度：进门之前一定要显示自己态度诚实大方，同时避免傲慢、慌乱、卑屈、冷漠、随便等不良态度。

·注意：严谨的生活作风能代表公司与个人的整体形象，千万不要让换鞋、雨伞等小细节影响大事情。

●赞美

拜访过程中会遇到各类顾客群，每一个顾客的认知观和受教育程度是不同的，但有一件事要强调：没有不接受产品和服务的顾客，只有不接受推销产品和服务的营销人员的顾客，顾客都是有需求的，只有选择哪一种品牌的产品和服务的区别而已！人人都喜欢听好话被奉承，这就是常说的"标签效应"，善用赞美是最好的销售武器。

赞美是一个非常好的沟通方式，但不要夸张的赞美，夸张的赞美只能给人留下不好的印象。"您家真干净"、"您今天气色真好"……可以从房间的干净布置、顾客的气色气质、穿着等方面赞美。

图6-6　上门拜访

## （2）电话沟通

随着现代通讯科技的发展，运用电话进行交流，是高效、经济、简便的沟通方式，自然也成为汽车销售人员开发客户资源的有效方法。

### ① 准备工作

●心理准备

在你拨打每一通电话之前，都必须有这样一种认识，那就是你所拨打的这通电话很可能就是你这一生的转折点或者是你的现状的转折点。有了这种想法之后你才可能对你所拨打的每一通电话有一个认真、负责和坚持的态度，才使你的心态有一种必定成功的积极动力。

●电话内容准备

在拨打电话之前，要先把你所要表达的内容准备好，最好是先列出几条记在你手边的纸上，以免对方接电话后，自己由于紧张或者兴奋而忘了自己的讲话内容。另外和电话另一端的对方沟通时要表达清楚每一句话的意思，该说什么，如何说，都应该有所准备，提前演练到最佳。

### ② 电话礼仪

●通话时礼仪

拨打业务电话，在电话接通后，业务人员要先问好，并自报家门，确认对方的身份后，再谈正事。例如："您好，我是××公司，请问××老板（经理）在吗？××老板（经理），您好，我是××公司的×××，关于……"

讲话时要简洁明了，由于电话具有收费、容易占线等特性，因此，无论是打出电话或接听电话，交谈都要长话短说，简而言之，除了必要的寒暄和客套之外，一定要少说与业务无关的话题，杜绝电话长时间占线的现象存在。

**电话沟通时注意以下事项：**

·注意语气变化，态度真诚。
·言语要富有条理性，不可语无伦次前后、反复，让对方产生反感或啰唆之感。

●挂断前的礼仪

打完电话之后，业务人员一定要记住向顾客致谢："感谢您用这么长时间听我介绍，希望能给您带来满意，谢谢，再见。"另外，一定要顾客先挂断电话，业务人员才能轻轻挂上电话，以示对顾客的尊重。

●挂断后的礼仪

挂断顾客的电话后，有许多业务人员会立即从嘴里跳出几个对顾客不雅的词汇来放松自己的压力，其实，这是最要不得的一个坏习惯。作为一名专业的电话营销人员，这是绝对不允许的。

## 三、任务实施

（1）采用角色扮演法，电话回访客户车辆使用情况。

（2）两人一组，采用角色扮演，模拟训练销售人员上门拜访客户的情景。

项目七　汽车销售一条龙服务

汽车消费，绝不仅是仅购买这么简单。新车需要上保险、需要上牌，若客户想减轻买车压力，还可以申请汽车贷款等。由于最接近客户，并掌握大量客户资料这个得天独厚的优势，购车外的一系列服务，正是销售人员服务增值、提高客户忠诚度的良机。

## [ 任务一　汽车保险 ]

汽车保险，即机动车辆保险，是指对机动车辆由于自然灾害或意外事故所造成的人身伤亡或财产损失承担赔偿责任的一种商业保险。在汽车保险的初期，车险是以汽车的第三者责任险为主险的，然后逐步扩展到车身碰撞损失等车险种类。

买汽车就得买保险，这是常识。不但国家法律强制规定了必须购买交强险（即机动车交通事故责任强制保险），车辆所有人或管理人出于风险的考虑，也大多购买了数量不一的商业保险。

### ◐ 一、任务分析

保险的目的，就是保障风险，用最少的支出来获得最大的风险保障。同理，汽车保险根据客户所选择投保的险种，提供不同方面的保障，降低或减少被保险人的经济负担。那么，汽车保险有哪些种类？具体的保险费用如何计算？这也是每个汽车销售人员应该熟悉的内容。

### ◐ 二、相关知识

#### 1．汽车保险概述

汽车保险产生于19世纪末，世界上最早签发的机动车辆保险单，是1895年由英国"法律意外保险公司"签发的、保险费为10英镑到100英镑的汽车第三者责任保险单，但汽车火险可以在增加保险费的条件下加保。汽车保险是财产保险的一种，它伴随着汽车的出现和普及而不断发展成熟。在中国，随着汽车保有量的不断增加，汽车保险已成为中国财产保险业务中最大的险种。

#### （1）汽车保险的定义和对象

汽车保险是以汽车本身以及汽车的第三者责任为保险标的的一种商业保险，它承担着汽车由于自然灾害或意外事故所造成的人身伤亡或财产损失的赔偿责任。

通常，汽车保险所承保的机动车辆是指汽车、电车、电瓶车、摩托车、拖拉机、各种专用机械车、特种车。

汽车保险的赔偿方式，一般为修复。但如果车辆重置价格比修理费用便宜的话，保险公司很可能宣称这辆车全损。一般来说，机动车辆保险的保险金额是新车的购买价格或者车辆投保当时的价值，但是使用中车辆有折旧，另外保险公司会设置绝对免赔额，所以出险全损的情况下，赔款肯定会低于保险金额。这种保险的保险期间一般为一年或者一年以下，如果保险期间没有发生理赔，续保时可以享受无赔款优待费率。

### （2）汽车保险的特点

#### ① 分散风险

汽车保险既然属于保险的一种，其基本职能也是组织经济补偿和实现保险金的给付。通过汽车保险，将拥有汽车的企业、家庭和个人所面临的种种风险及其损失后果，在全社会范围内分散与转嫁，实现"集合危险，分散损失"的目的。

#### ② 出险率高

汽车属于交通工具，常态即是不停运动。而受驾驶人技术、交通环境等因素的影响，汽车很容易出现碰撞，造成人身财产损失。

#### ③ 业务多，投保率高

正是因为汽车的出险率高，所以汽车所有人以及交通管理部门都希望通过保险转嫁风险，客观上使得汽车保险业务增多，投保率高。

#### ④ 险种复杂，专业性强，易产生误解

汽车保险的品类繁多，按强制与否可分为强制险和商业险两种，商业险又可分为基本险和附加险。其中，强制险必须购买，附加险则不能独立投保。由于许多险种不能通过简单的字面意思进行理解，且有些保险工作人员在介绍保险时存在误导的情况，导致消费者不能较好地理解各个险种的条款，容易造成误解，产生纠纷。

#### ⑤ 不确定性

由于汽车在陆上行驶、流动性大、行程不固定，发不发生事故？在哪里发生？事故严重不严重？对保险人来说，都难以预测，无疑增加了保险损失的不确定性。

#### ⑥ 无赔款优待

无赔款优待是汽车保险特有的制度，其核心是为了解决在风险不均匀分布的情况下，使保险费直接与实际损失相联系。为了鼓励被保险人及驾驶人遵守交通规则安全行车，各国的汽车保险业务均采用了"无赔款优待"制度。

#### ⑦ 维护公众利益

汽车运行的不确定性和破坏性，单凭个人应对风险的能力过于脆弱。汽车保险却可以将风险向全社会分散和转移，确保交通事故中受害的一方能够得到有效的经济补偿，维护社会稳定。如汽车

第三者责任险，绝大多数国家都强制实施。之所以如此，其出发点就是为了维护公众利益。

## （3）汽车投保流程

汽车投保是指保险人在投保人提出投保请求时，经审核其投保内容符合承保条件，同意接受其投保申请，并按照有关保险条款承担保险责任的过程。

汽车投保需要遵循一定的流程，通常运作的基本流程为：投保申请→个人投保或单位投保→车辆检验→风险评估→制订保险方案→填投保单→标准业务→三级核保。

具体流程如图7-1所示。

## （4）汽车保险理赔流程

汽车保险理赔是指保险车辆发生事故后，保险公司依据保险合同及交通事故处理等有关规定，确定保险责任、核定损失、履行赔付义务的工作过程。

汽车保险理赔工作包含受理案件、现场查勘、损失确定、赔款理算、核赔、赔付结案等多个环节，具体流程如图7-2所示。

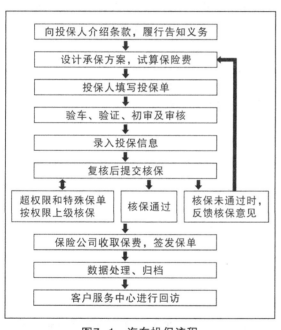

图7-1　汽车投保流程

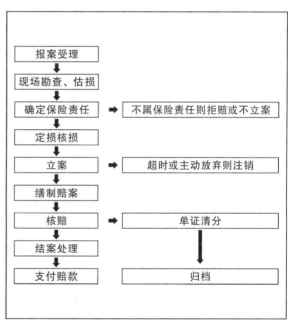

图7-2　理赔流程

## （5）汽车保险免赔

并不是所有的意外事故，保险都给予赔偿。有些情形，保险是免于赔偿的。对于中国汽车保险赔偿处理而言，采用的免赔方式是绝对免赔方式。

### ① 无牌照不赔

车辆在出险时，保险车辆理赔必须具备两个条件：一是保险车辆须有公安交通管理部门核发的行驶证或号牌，二是在规定期间内经公安交通管理部门检验合格。

### ② 无过错不赔

《保险法》规定："必须有责任认定"保险公司才能赔付。即使被保险人有一定过错，也必须先向第三方索赔，才有可能获得保险公司的赔偿。一旦放弃了向第三方追偿的权利，如放跑了负全责的肇事人，也就放弃了向保险公司要求赔偿的权利。

### ③ 自家人不赔

第三者责任险中的第三者通俗地讲，就是排除四种人：即保险人、被保险人、本车发生事故时的驾驶人及其家庭成员、被保险人的家庭成员。如果保险车辆撞到自家人，保险公司免责。同理，被同一单位名下的车辆碰撞也不能通过第三者责任险得到赔偿。

### ④ 拖着没保险的车出事故的不赔

如果因为驾驶人开车拖带一辆没有投保第三者责任险的车辆上路，而与其他车辆相撞并负全责的，保险公司不会对此做任何赔偿。

### ⑤ 私自加装的设备不赔

不少车主会在购车后自己加装音响、冰箱、尾翼或者行李架等设备，一旦发生事故造成私自加装设备受到损失的，保险公司也不会对此赔偿。除非车主已为加装的设备单独投保。

### ⑥ 车灯或后视镜等单独破损的不赔

在汽车理赔案例中，某些修理厂常常用换下来的破损车灯或后视镜装到车型相同的其他车辆上，来骗取赔款。制定该条免责条款，就是为了对付某些修理厂的骗保行为。此外，如果车辆只是零部件如轮胎、音响设备等被盗走，保险公司也不用赔偿。

### ⑦ 被车上物品撞坏不赔

若车辆被车内或车顶装载的物品撞击而造成损失，以及人员伤害，免责条款依然适用。

### ⑧ 水中点火导致发动机损坏的不赔

若车辆行驶到水深处熄火，驾驶人强行点火却造成发动机损坏，保险公司不会进行赔偿，因为这是驾驶人操作不当造成的损失。

### ⑨ 没经过定损直接修理的不赔

如果车辆在外地出险，需要先定损再修车。否则，保险公司可以用无法确定损失金额的情由，拒绝赔偿。

### ⑩ 车辆修理期间造成的损失不赔

如果车辆在送修期间发生了任何碰撞、被盗等损失，保险公司都会拒赔，因为修理厂有责任妥善保管好维修车辆。

## 2. 汽车保险的种类

汽车保险可以分为强制险和商业险两大类。强制险即交强险，这是国家强制车辆所有人必须购买的险种。而商业险又可分为两大类，一类是基本险，包括车辆损失险和第三者责任事故险，另一类是车主自愿投保的附加险，主要包括全车盗抢险、车上责任险、玻璃单独破碎险、自燃损失险、不计免赔特约险等险种。

## （1）交强险

交强险是由保险公司对被保车辆发生道路交通事故造成受害人（不包括本车人员和被保险人）的人身伤亡、财产损失，在责任限额内予以赔偿的强制性责任保险。

交强险在车辆发生交通事故时，只对第三者进行赔付。也就是说，只赔别人不赔自己。按照相关规定，6座以下车辆的标准保费为950元，一年不出险可优惠10%，最低可优惠30%。至于交强险的赔偿额度，最高限额为122000元。

交强险具有强制性、广泛覆盖性以及公益性的特点，主要表现在以下六个方面。

①实行强制性投保和强制性承保。一方面体现在所有上路行驶的车辆，必须依法投保交强险。另一方面凡具有经营交强险资格的保险公司，不能拒绝承保和随意解除合同。

②赔偿原则发生变化。交强险实施前，保险公司根据被保险人在交通事故中所承担的事故责任来确定其赔偿责任。交强险实施后，无论被保险人是否在交通事故中负有责任，保险公司都将在责任限额内予以赔偿。

③保障范围宽。为有效控制风险，减少损失，第三者责任险规定有不同的责任免除事项和免赔率（额）。而交强险除被保险人故意造成交通事故等少数几项情况外，其保险责任几乎涵盖了所有道路交通风险，且不设免赔率与免赔额。

④按不盈不亏原则制定保险费率。交强险不以盈利为目的，并与其他保险业务分开管理、单独核算。

⑤实行分项责任限额。第三者责任险无论人伤还是物损，均在一个限额下进行赔偿，并由保险公司自行制定责任限额水平。交强险则由法律规定实行分项责任限额，即分为死亡伤残赔偿限额、医疗费用赔偿限额、财产损失赔偿限额以及被保险人在道路交通事故中无责任的赔偿限额。

⑥实行统一条款和基础费率，并且费率与交通违章挂钩。第三者责任险在不同保险公司的条款费率上，相互之间存在着差异；而交强险则实行统一的保险条款和基础费率。

## （2）车辆损失险

车辆损失险是投保人为预防车辆遭受自然灾害或意外事故的侵袭，避免造成重大损失而向保险公司投保的险种。车辆损失险的保险金额可以按投保时的保险价值或实际价值确定，也可以由投保人与保险公司协商确定，但保险金额不能超出保险价值。即价值10万元的车辆，保险金额只能在10万元以内。

车辆损失险是车辆保险中用途最广泛的险种，它负责赔偿由于自然灾害（除地震外）和意外事故造成的车辆损失。无论是小剐小蹭，还是损坏严重，都可以由保险公司来支付修理费用。

### ① 车辆损失险的赔偿范围

车辆损失险的保险标的，是各种机动车辆的车身及其零部件、设备等。当保险车辆遭受保险责任范围的自然灾害或意外事故，造成保险车辆本身损失时，保险人应当依照保险合同的规定给予赔偿。

车辆损失保险的保险责任，包括碰撞责任、倾覆责任与非碰撞责任，其中碰撞是指被保险车辆与外界物体的意外接触，如车辆与车辆、车辆与建筑物、车辆与电线杆或树木、车辆与行人、车辆与动物等碰撞，均属于碰撞责任范围之列；倾覆责任指保险车辆由于自然灾害或意外事故，造成本车翻倒，车体触地，使其失去正常状态和行驶能力，不经施救不能恢复行驶。非碰撞责任，则可以分为以下几类：

- 保险单上列明的各种自然灾害，如洪水、暴风、雷击、泥石流等。
- 保险单上列明的各种意外事故，如火灾、爆炸、空中运行物体的坠落等。
- 其他意外事故，如倾覆、冰陷、载运被保险车辆的渡船发生意外等。

发生保险事故时，被保险人或其允许的合格驾驶人对保险车辆采取施救、保护措施所支出的合理费用，保险公司应负责赔偿。但该项费用的最高赔偿金额，以责任限额为限。

在汽车保险中，车辆损失险与第三者责任险构成基本险种，并在若干附加险的配合下，共同为保险客户提供多方面的意外保障服务。

### ② 车辆损失险的责任免除

车辆损失险的责任免除，包括风险免除（即损失原因的免除）和损失免除（即保险人不赔偿的损失）。

风险免除主要包括：

- 战争、军事冲突、恐怖活动、暴乱、扣押、罚没、政府征用；
- 在营业性维修场所修理、养护期间；
- 用保险车辆从事违法活动；
- 人员饮酒、吸食或注射毒品、被药品麻醉后使用保险车辆；
- 保险车辆肇事逃逸；
- 人员无驾驶证或驾驶车辆与驾驶证准驾车型不相符；
- 被保险人直接允许的驾驶人员使用保险车辆；
- 车辆不具备有效行驶证件。

损失免除主要包括自然磨损、锈蚀、故障、市场价格变动造成的贬值等。

### ★【注意】

汽车保险的责任范围由保险合同规定，且并非一成不变。如中国以前曾将失窃列为基本责任，后来却将其划归附加责任，若被保险人不加保则不可能得到该项风险的保障。

### （3）第三者责任险

第三者责任险即第三者责任强制险，是指被保险人或其允许的驾驶人在使用被保险车辆过程中发生的意外事故，致使第三者遭受人身伤亡或财产的直接损失，依法应当由被保险人支付的赔偿金额，由保险人按照保险合同中的有关规定给予赔偿。

第三者责任险，主要是保障道路交通事故中第三方受害人获得及时有效赔偿的险种。但因事故产生的善后工作，需要由被保险人负责处理。保险公司会在责任限额以外赔偿，但最高不超过责任限额的30%。

### ① 第三者责任险的责任限额

●在不同区域内，摩托车、拖拉机的最高赔偿限额分为4个档次，即2万元、5万元、10万元和20万元。

●除摩托车、拖拉机外的其他汽车第三者责任险的最高赔偿限额，分为5万元、10万元、20万元、30万元、50万元、100万元和100万元以上等不同档次，且最高不超过1000万元。

●主车与挂车连接时发生保险事故，保险人在主车的责任限额内承担赔偿责任。即发生保险事故时，挂车引起的赔偿责任也视同主车引起的赔偿责任。但保险人对挂车赔偿责任与主车赔偿责任所负赔偿金额之和，应不超过主车赔偿限额。

### ② 第三者责任险的注意事项

●"第三者"的范围。在保险合同里，"第三者"即被保险人及其财产和保险车辆上所有人员与财产以外的他人、他物。车辆上的所有人员即车上的驾驶人、乘客等，都不属于第三者，但下车后除驾驶人及其家属成员外，都可视为第三者。

●保险车辆要求。除无照驾驶的汽车外，第三者责任险的保险车辆种类不受限制，也就是说各种车辆均可投保。

●碰撞责任归属。保险车辆与未保险车辆相撞，致使未保险车辆上的驾驶人、乘客伤亡或车上装载的货物损坏，属于第三者赔偿责任。如果相撞双方均有保险责任，那么双方的损失均按第三者责任险处理。

●赔偿限额。投保时，第三者责任一般不规定赔偿限额。若发生第三者责任事故，则由保险公司按照出险地公安、交通部门的规定或赔偿裁决，核定后确定赔偿金额。

## （4）盗抢险

盗抢险即全车盗抢险，该险种的保险责任为全车被盗窃、被抢劫、被抢夺造成的车辆损失以及在被盗窃、被抢劫、被抢夺期间受到损坏或车上零部件、附属设备丢失需要修复的合理费用。

全车盗抢险的保险责任包含两部分：一是因被盗窃、被抢劫、被抢夺造成的保险车辆的损失，二是因保险车辆被盗窃、被抢劫、被抢夺造成的合理费用支出。如果是车辆的某些零部件被盗抢，如轮胎被盗抢、车内财产被盗抢、后备厢内的物品丢失，保险公司不负责赔偿。但若是车辆被盗抢期间，保险车辆上零部件损坏、丢失，保险公司一般负责赔偿。全车盗抢险为附加险，必须在投保车辆损失险之后方可投保该险种。

车辆遭盗抢后，经县级以上公安刑侦部门立案侦查在一定时间内（通常为三个月）仍然没有下落的，由保险公司在保险金额内予以赔偿。

## （5）车上座位责任险

车上座位责任险又叫车上人员责任险或车上责任险，负责赔偿保险车辆发生意外事故时，导致车上的驾驶人或乘客人员伤亡造成的费用损失，以及为减少损失而支付的必要合理的施救、保护费用。

车上责任险的保险金额由被保险人和保险公司协商确定，一般每个座位保额为1万～5万元。驾驶人和乘客的投保人数，一般不超过保险车辆的核定座位数。车上人员每人的最高赔偿限额，由投保人和保险人在投保时协商确定。

车上座位责任险负责赔偿保险车辆交通意外造成的本车人员伤亡，但若有以下情形，将不予赔偿：

①因违章搭乘造成的人身伤亡；

②由于驾驶员的故意行为造成的人身伤亡；

③本车上的人员因疾病、分娩、自残、殴斗、自杀、犯罪行为所致的人身伤亡；

④乘客在车下时所受的人身伤亡；

⑤其他不属于保险责任范围内的损失和费用。

### （6）玻璃单独破碎险

玻璃单独破碎险，也是附加险的一种，即保险公司负责赔偿保险车辆在使用过程中，发生本车玻璃单独破碎损失的一种商业保险。这里所说的玻璃单独破碎，是指被保车辆只有挡风玻璃或车窗玻璃（不包括车灯、后视镜玻璃等）出现破损的情况。如果是其他事故引起的玻璃破碎，车损险里也可以赔偿。

购买玻璃单独破碎险就如同为爱车的"脸面"买了一份保险，但要注意玻璃破碎险赔偿的范围，以下五种损失就不给予赔偿。

#### ①玻璃贴膜的损失

尽管有些汽车玻璃贴膜价格不菲，但汽车玻璃破碎更换后，贴膜也必须更换，无法重复使用。由于玻璃单独破碎险承保的是玻璃本身，保险公司对贴膜损失自然不承担赔偿责任。

#### ②天窗玻璃的损失

现在有些中高档轿车，甚至一些低档轿车都配有天窗。但玻璃单独破碎险规定，承保的玻璃范围只包括前后风挡玻璃和车窗玻璃。若天窗玻璃损坏，不在赔偿范围内。

#### ③进口玻璃按国产承保的差价损失

一些原装进口汽车或部分国产中高档汽车，使用的都是进口玻璃。若承保时进口玻璃只按照国产玻璃投保，保险公司在出险后将依据国产玻璃价格赔偿，对于国产与进口玻璃之间的差价损失则不予考虑。

#### ④附加设备的损失

由于某种需要，有些车辆的风挡玻璃上安装了一些电子设备，如卫星导航仪等。在汽车玻璃遭受严重撞击损坏时，这些设备往往也会相应受损。由于属于新增设备，也不在玻璃单独破碎险赔偿范围内。

#### ⑤修理过程中的玻璃破碎损失

玻璃单独破碎险条款中规定，安装、修理车辆过程中造成的玻璃单独破碎属于除外责任。因此，在安装、修理汽车过程中造成的玻璃破碎损失，保险公司也不负责赔偿。

### （7）自燃险

自燃险即车辆附加自燃损失险，它是车辆损失险的一个附加险种。汽车自燃险用于赔偿保险车辆在使用过程中，因本车电器、线路、供油系统发生故障及载运货物自燃原因起火燃烧，造成车辆损失以及施救所支付的合理费用。

自燃险设有免责条款，包括：被保险人在使用保险车辆过程中，因人工直接供油、明火烘烤等违反车辆安全操作规则造成的车辆损失；因自燃造成的电器、线路、供油系统的损失；运载货物自身的损失；被保险人的故意行为或违法行为造成保险车辆的损失。

## （8）划痕险

划痕险即车辆划痕险，主要作为车损险的补充，为意外原因造成的车身划痕提供有效的保障。

划痕险针对的是车身漆面的划痕，用于赔偿修复无明显碰撞痕迹划痕的费用。若碰撞痕迹明显，出现大凹坑等现象，就不是划痕，应属于车损险的理赔范围。

处理划痕险时，需要注意以下事项：

①划痕险只保无明显碰撞痕迹的车身表面油漆单独划伤，若是人为车身划痕，则不予赔偿。

②划痕险仅仅针对汽车覆盖件如车身、车门的表面划痕进行理赔，若汽车覆盖件出现凹凸或其他破裂痕迹，就不属于划痕险的理赔范围。

③车辆在停放期间被其他车辆碰擦，如果存在被碰擦的划痕，也可以按车损险得到理赔。但前提是车主应及时报警，按照交通事故程序来处理。

## （9）不计免赔险

不计免赔险，即车险中的不计免赔特约条款，是一种附加险。该险种确保车辆发生意外事故后，按照对应投保的主险条款规定的免赔率计算的、应当由被保险人自行承担的免赔金额部分，将由保险公司在责任限额内负责赔偿。

按照不计免赔特约保险的附加方式，不计免赔险需要以投保的"主险"（即车损险和三责险）为前提，只有在同时投保了车辆损失险和第三者责任险的基础上，才可以投保该附加险。保险费用按车辆损失险和第三者责任险保险费之和的20%收取。

不计免赔险可分为基本险不计免赔和附加险不计免赔两种。

### ① 基本险不计免赔率特约条款

经特别约定，保险事故发生后，按照投保人选择投保的第三者责任险、车辆损失险或车上人员责任险的事故责任免赔率计算的，或按照全车盗抢险的绝对免赔率计算的，应当由被保险人自行承担的免赔金额部分，保险人负责赔偿。

基本险各险种的不计免赔率特约责任彼此独立存在，投保人可选择分别投保，并适用不同的费率。

### ② 附加险不计免赔率特约条款

经特别约定，保险事故发生后，按照投保人选择投保的附加险的事故责任免赔率和绝对免赔率计算的，应当由被保险人自行承担的免赔金额部分，保险人负责赔偿。

值得注意的是，附加险各险种的不计免赔率特约责任作为整体存在，投保人不可选择分别投保。

## 3．汽车保险的计算

有关汽车保险的计算，因保险公司不同，费率可能有所不同。这里只是做一个示范，粗略概括车险的计算方式。

### （1）影响保险计算的因素

①车险的类别与费率标准。车险主要分为强制险和商业险，强制险即交强险的保险费率，由国家规定全国统一，比较好算。而商业险由于保险公司、保险地区、保险对象等不同，多有差异。

商业险的费率包括《商业险基准费率表》、《绝对免赔额系数表》、《商业险费率系数表》三部分。首先根据《商业险基准费率表》直接查出或计算得到基准保费，然后通过《绝对免赔额系数表》、《商业险费率系数表》等进行风险修正或费率浮动，得出应交保费，也就是投保人实际需要向保险人支付的保险费。

②车险费率的浮动。各家保险公司制定的费率，并不是一成不变的，受外界因素的影响，有一定的浮动。如只要连续三年不发生有责任道路交通事故，交强险价格就会下浮30%，商业险价格也会享受更多优惠。

具体而言，影响车险费率浮动的因素：一是出险记录。小心驾驶，没有出现事故，保险费用自然就低。二是汽车价值。车价越高，保费也相应走高。三是驾驶区域。各省区保费略有差异自不待言，有的保险公司甚至将停车位置是否可靠都考虑在内。四是有无连续受保。因无足够理由停保，然后再恢复的话，将一切重新开始，也就意味着增加保费。

### （2）主要车险保费的计算

通常，汽车主要购买的保险有交强险、第三者责任险、车辆损失险、全车盗抢险、玻璃单独破碎险、自燃损失险、不计免赔特约险、无过责任险、车上人员责任险、车身划痕险等险种。

#### ① 交强险

交强险的基础保费，家用6座及以下为950元/年，家用6座以上为1100元/年。在基础保费的基础上，比对实际情况，通过表7-1《交强险费率浮动系数表》中的费率浮动，计算交强险实际需要支付的保险费。

表7-1　交强险费率浮动系数表

| | 浮动因素 | | 比率 |
|---|---|---|---|
| 与道路交通事故相联系的浮动 | A1 | 上一个年度未发生有责任道路交通事故 | -10% |
| | A2 | 上两个年度未发生有责任道路交通事故 | -20% |
| | A3 | 上三个及以上年度未发生有责任道路交通事故 | -30% |
| | A4 | 上一个年度发生一次有责任不涉及死亡的道路交通事故 | 0% |
| | A5 | 上一个年度发生两次及两次以上有责任道路交通事故 | 10% |
| | A6 | 上一个年度发生有责任道路交通死亡事故 | 30% |

#### ② 第三者责任险

若是一般机动车辆，可按照投保人类别、车辆用途、座位数/吨位数、车辆使用年限、责任限额直接查找相关保险公司的保费。第三者责任险的基准保费，通常按照每次事故最高赔偿限额5万元、10

万元、15万元、20万元、30万元、50万元、100万元以及100万元以上等标准，计算出相应的保险费。

若是挂车，保险费按2吨以下货车计收，责任限额统一为5万元。

### ③ 车辆损失险

车辆投保车辆损失险时，应根据车辆使用性质、所属性质、车辆种类和车龄，选择相应的车辆损失险基准保费费率表中对应的档次，确定基础保费和费率，按下列公式计算车辆损失险的保费：

车辆损失险保费=基础保费+（实际新车购置价-新车购置价所属档次的起点）×费率

以家用汽车为例。新车购置价共分5个档次，即：5万元以下、5万~10万元，10万~15万元、15万~20万元、20万~30万元。每个档次对应的基础保费是该档次的最低保费（即档次起点对应的保费），费率是实际新车购置价与档次起点的差额部分的费率。

如：假设某投保车辆的车龄为4~5年、新车购置价为20万元，则其所属的新车购置价档次为20~30万元档（档次分段含起点不含终点），在费率表上查得对应的基础保费为2166元，而实际新车购置价恰好为档次的起点（20万元），则该车辆的保费就是2166元，见表7-2。

表7-2　费率表

| 座位/吨位 | 车龄 | 5万元以下 | | 5~10万元 | | 10~15万元 | | 15~20万元 | | 20~30万元 | |
|---|---|---|---|---|---|---|---|---|---|---|---|
| | | 基础保费（元） | 费率（%） | 基础保费（元） | 费率（%） | 基础保费（元） | 费率（%） | 基础保费（元） | 费率（%） | 基础保费（元） | 费率（%） |
| 6座以下 | 1年以下 | 449 | 0.516 | 707 | 1.116 | 1265 | 0.989 | 1759 | 0.985 | 2252 | 1.079 |
| | 1~2年 | 483 | 0.555 | 761 | 1.202 | 1361 | 1.064 | 1894 | 1.060 | 2423 | 1.162 |
| | 2~3年 | 478 | 0.550 | 753 | 1.190 | 1348 | 1.054 | 1875 | 1.049 | 2400 | 1.150 |
| | 3~4年 | 453 | 0.521 | 713 | 1.126 | 1276 | 0.997 | 1775 | 0.993 | 2271 | 1.089 |
| | 4~5年 | 432 | 0.496 | 680 | 1.074 | 1217 | 0.951 | 1692 | 0.947 | 2166 | 1.038 |
| | 5~6年 | 422 | 0.485 | 665 | 1.050 | 1190 | 0.930 | 1655 | 0.926 | 2118 | 1.015 |
| | 6~7年 | 417 | 0.479 | 656 | 1.037 | 1175 | 0.918 | 1634 | 0.915 | 2091 | 1.003 |
| | 7~8年 | 411 | 0.473 | 648 | 1.024 | 1160 | 0.907 | 1613 | 0.903 | 2065 | 0.990 |
| | 8~9年 | 408 | 0.469 | 642 | 1.015 | 1150 | 0.899 | 1599 | 0.895 | 2047 | 0.981 |
| | 9年以上 | 404 | 0.465 | 637 | 1.006 | 1140 | 0.891 | 1586 | 0.887 | 2029 | 0.973 |

### ④ 全车盗抢险

车辆投保全车盗抢险时，应根据投保人类别、车辆用途、座位数、车辆使用年限等，选择相应的全车盗抢险基准保费费率表中对应的档次，确定基础保费和基准费率。全车盗抢险的保费，一般按下列公式计算：

全车盗抢险保费=基础保费+全车盗抢险保险金额×费率

如：某车主2005年5月1日购得5座小轿车一辆，当时新车购置价为10万元。若该车主2007年9月25日起保，保费为多少？

根据投保人的全车盗抢险基准保费费率表，查得基础保费为120元，基准费率为0.49%，且车辆每月按0.6%的折旧率计算价值。因此：

保费=120+100000×（1-29×0.6%）×0.49%=524.74元

### ⑤ 玻璃单独破碎险

投保玻璃单独破碎险，其费率根据客车、货车、座位数以及是否为进口玻璃而不同。保费公式为：保费=新车购置价×费率

如：购车价为10万元的5座非营运车辆，配备进口玻璃。根据表7-3中的费率，该车玻璃单独破

碎险的保费为：保费＝100000×0.20%＝200元（按新车购置价）。

表7-3 费率表

| 投保方式 | 座位数 车龄 | 6座以下 | 6～10座 | 10～20座 | 20座以上 |
|---|---|---|---|---|---|
| 国产玻璃 | 营业用客车 | 0.147% | 0.145% | 0.154% | 0.165% |
| | 非营业用客车 | 0.141% | 0.139% | 0.147% | 0.158% |
| | 货车 | 0.084% | | | |
| 进口玻璃 | 营业用客车 | 0.294% | 0.290% | 0.309% | 0.330% |
| | 非营业用客车 | 0.281% | 0.277% | 0.294% | 0.315% |
| | 货车 | 0.168% | | | |

### ⑥ 自燃险

自然险一般实行固定费率，其计算公式为：

保费＝保险金额×费率

如：已知某车的自燃险保险金额为90000元，费率为0.6%。则该车自燃险的保费为：

保费＝90000×0.6%＝540元

### ⑦ 车身划痕险

相比其他商业保险，车身划痕损失险的计算最为简单，直接根据新车购置价的所属档次查找保费即可，见表7-4。

表7-4 车身划痕损失险费率表

| 新车购置价 | 10万元以下 | 10～20万元 | 20～50万元 | 50万元以上 |
|---|---|---|---|---|
| 保费（元） | 150 | 250 | 350 | 500 |

### ⑧ 车上座位责任险

车上座位责任险，驾驶座和乘客座的费率略有不同，通常驾驶座的费率要比乘客座的高些。如同是1万元的保额，保险公司将驾驶座的费率定为0.42%，乘客座的费率定为0.27%。这样，驾驶座和乘客座的保费分别为：

驾驶座保费＝10000×0.42%＝42元

乘客座保费＝10000×0.27%×4＝108元

### ⑨ 不计免赔特约险

不计免赔险分基本险不计免赔和附加险不计免赔，保费的计算公式为：

保费＝适用本条款的所有险种应收保费之和×费率

### ⑩ 无过责任险

无过失责任险是依附于第三者责任险的附加险，只有在投保第三者责任险之后方可投保该险种。无过责任险的保费计算公式为：

保费＝第三者责任险保险费×费率

## 🔘 三、任务实施

设计一份保险销售组合方案。要求列出不同组合的险种类别、数量，以及推荐该组合的理由。

# 任务二　汽车贷款

随着社会经济的发展，人们的消费理念发生了巨大变化。购买汽车的方式，也出现了新的变化，如汽车贷款。

## 一、任务分析

汽车贷款是银行与汽车销售商向申请购买汽车的借款人发放的担保贷款，主要用于提供购车者一次性支付车款所需的资金，并联合保险、公证机构为购车者提供保险和公证。通过汽车贷款买车，对于消费者而言，可以提早享受有车的乐趣或提前享受更高档的车型，对企业来说则降低了现金的开支。因此，汽车贷款的方式，已经被越来越多的消费者接受。

## 二、相关知识

### 1．概述

汽车贷款，也叫汽车按揭，是贷款人向申请购买汽车的借款人发放的用于购买汽车或支付其他费用的贷款。

#### （1）基本概念

##### ① 贷款对象

借款人必须是贷款行所在地常住户口居民，具有完全民事行为能力。

##### ② 贷款条件

借款人具有稳定的职业和偿还贷款本息的能力，信用良好，且能够提供可认可资产作为抵、质押，或有足够代偿能力的第三人作为偿还贷款本息并承担连带责任的保证人。

##### ③ 贷款额度

贷款金额最高一般不超过所购汽车售价的80%。

##### ④ 贷款期限

汽车消费贷款期限一般为1～3年，最长不超过5年。

##### ⑤ 贷款利率

由中国人民银行统一规定。

##### ⑥ 还贷方式

可选择一次性还本付息法和分期归还法（等额本息、等额本金）。

### ⑦ 汽车金融或担保公司

就是有足够代偿能力的第三人作为偿还贷款本息并承担连带责任的保证人。

## （2）汽车贷款条件

### ① 满足货款购车的消费者

#### ● 个人

· 具有完全民事行为能力。

· 具有稳定职业和偿还贷款本息的能力，信用良好。

· 能够提供有效的抵押物和质押物，或有足够代偿能力的个人或单位作为保证人。

· 能够按《汽车消费贷款管理办法》规定支付首期付款限额（首期付款至少应为购车价款的20%）。

· 借款人规定的其他条件。

#### ● 企、事业单位

· 具有偿还贷款能力。

· 在贷款人指定的银行存有不低于规定数额的首期购车款。

· 有贷款人认可的担保。

· 贷款人规定的其他条件。

### ② 可以承办汽车贷款业务的机构

● 经批准的商业银行（中国工商银行、中国农业银行、中国银行、中国建设银行、交通银行、招商银行等）。

● 汽车金融公司（是经中国银行业监督管理委员会依据有关法律、行政法规和《汽车金融公司管理办法》规定批准设立的，为中国境内的汽车购买者及销售者提供贷款的非银行金融企业法人）。

### ③ 消费贷款可购买的车辆类型

● 各类进口、国产小轿车、越野车。

● 各类进口、国产的工程车辆（工程机械）。

## 2. 汽车贷款的手续

图7-3　汽车消费信贷的渠道

## （1）办理渠道

汽车消费信贷的渠道很多，主要有银行贷款、信用卡分期、汽车金融公司和小额贷款公司等，如图7-3所示。

### ① 银行贷款

选择通过银行贷款的方式贷款买车，贷款利率适中，且可选车种类多。不过实际在办贷款过程中比较花费时间和精力，银行为控制风险，通常审核时间较长，且需要申请者提交的资料很多。如果想要申请又不怕麻烦，银行贷款是不错的选择。

### ② 信用卡分期

众所周知，信用卡分期是没有利息费的，这也是通过信用卡分期买车的最大好处。同时，信用卡分期方便快捷，一个电话也可搞定。有时遇到银行和汽车经销公司合作的时候，还能享受一定的折扣。不过需要注意的是，信用卡分期虽然没有利息费，却有手续费，分期时间越高手续费率越高，通常分期超过一年的手续费率就会与银行同期消费贷款利率持平或略高。

### ③ 汽车金融公司

通过汽车金融公司贷款买车，除了方便快捷以外，申请门槛还不高，只要消费者具有一定的还款能力并且支付了贷款首付，就能够申请到贷款。不过消费者也需要注意，汽车金融公司贷款买车，贷款成本通常比较高，一般除了需要支付贷款利息费外，还有手续费等一系列的费用产生。

### ④ 小额贷款公司

通过小贷公司贷款买车，门槛不高，车型选择不受限制，费率相对银行高一些。贷款方式和还款方式较灵活，审批相对银行来说稍快。

★【看一看】

汽车信贷类型对比，见表7-5。

表7-5　汽车信贷类型对比

| 项目 | 信用卡分期购车 | 汽车企业金融公司 | 银行个人购车贷款 |
|---|---|---|---|
| 范围 | 部分信用卡支持招行、民生、建行 | 丰田，福特，大众，通用，斯柯达，奔驰，标志，雪铁龙等 | 几乎所有商业银行 |
| 汽车企业 | 银行与车业合作，相对比较少，合作时间不固定 | 同上<br>长期合作 | 几乎所有 |
| 利息 | 一般都没有利息，只收取占分期金额，3.50%～10%的手续费，有个别车型也有可能免利息，免手续费 | 利息（上浮20%或下浮10%）或手续费，部分产品免费 | 央行规定的基准利率 |
| 其他费用 | 无 | 无 | 担保费，家访费，律师费，验资费，押金 |
| 首付比例 | 大于30% | 最低20% | 首付30%～50% |
| 贷款条件 | 只要持卡人信用良好，有稳定收入即可，一般没有户籍和财产方面的限制 | 收入稳定　信用良好 | 本地户籍，财产和第三方担保 |
| 贷款审批速度 | 最快几小时 | 2天左右 | 7个工作日 |
| 限期 | 12～24个月 | 1～5年 | 贷款期限3年 |
| 必须投保 | ①盗抢险（车价全额投保）②第三都任险（不低于20万元）③车损险 | 盗抢险，第三者责任险，车损险，不计免赔险 | 盗抢险，第三者责任险，车损险，无免赔，信用保险或保证险 |
| 流程 | 4S店内选车，申请分期，提车 | 4S店内选车，申请融资，审批　提车 | 经销店选车，申请贷款，银行调查审批，提车 |

## （2）提供资料

申请汽车贷款，除了需要满足必要的申请条件，如年满18周岁、有稳定的经济收入等，还需要提供必要的资料，如：

①个人借款申请书；

②本人及配偶有效身份证明；

③本人及配偶职业、职务及收入证明；

④结婚证（未婚须提供未婚证明，未达到法定结婚年龄的除外）及户口薄；

⑤身份证、户口簿或其他有效居留证件原件，并提供其复印件；

⑥与经销商签订的购车协议、合同或者购车意向书；

⑦已存入或已付首期款证明；

⑧担保所需的证明文件或材料；

⑨合作机构要求提供的其他文件资料。

## （3）汽车贷款的具体流程

办理汽车消费信贷的程序大致如下：

①到经销商处选定拟购汽车，与经销商签订购车合同或协议。

②到银行指定营业部提出贷款申请，必需的资料如下。

### ●个人

贷款申请书、有效身份证件、职业和收入证明以及家庭基本情况、购车协议或合同、担保所需的证明或文件、贷款人规定的其他条件。

### ●法人代表证

法定代表人证明文件、人民银行颁发的《贷款证》、经会计审计的损益表和现金流量表、抵物清单、质物清单和有处分权同意抵物押、质押的证明。抵押物还须提交所有权或使用权证书、估价、保险文件，质物还须提供权利证明文件，保证人同意保证的文件及贷款人规定的其他条件。

③银行在受理借款申请后有权对借款人和保证人的资信情况进行调查，对符合贷款条件的，及时通知借款人办理贷款担保手续，签订《汽车消费借款合同》。

④借款人在银行指定的保险公司预办抵押物保险，并在保单中明确第一受益人为贷款行，保险期限不得短于贷款期限。

⑤银行向经销商出具《汽车消费贷款通知书》，借款人同时将购车首期款支付给经销商。

⑥经销商协助借款人到相关部门办理缴费及领取牌照等手续。

汽车贷款的具体流程见表7-6。

表7-6　汽车贷款的办理流程

| 步骤 | 流程 | 主办 | 内容 |
|---|---|---|---|
| 1 | 客户接待 | 销售部，经销商 | 负责来电，来店客户接待，信贷业务简单介绍 |
| 2 | 客户咨询 | 信贷业务部 | 业务操作标准、细则判定首付及期限、消费购车费用、提供资料 |
| 3 | 客户决定购买 | 销售部 | 确定车型、车价、车色及配备 |

| 步骤 | 流程 | 主办 | 内容 |
|---|---|---|---|
| 4 | 征信 | 档案管理部 | 对客户所提供资料，档案员传真至银行进行资信审核及公安征信 |
| 5 | 签定销售协议 | 信贷业务部 | 经客户确认车型、车价、费用、签定销售协议 |
| 6 | 办理按揭手续，签定借款合同 | 信贷业务部 | 填写贷款资格审查表，签订银行借款担保合同，公证申请书 |
| 7 | 代办保险 | 信贷业务部 | 签订车险投保单，交由内勤人员请保险公司出具保单 |
| 8 | 交首付款及费用 | 财务部 | 根据销售协议收取首付款及相关费用 |
| 9 | 通知上牌 | 售后服务部 | 根据客户要求代办上牌，凭发票、合格证原件、客户身份证原件上牌 |
| 10 | 终审 | 信贷审核部 | 审核客户资料，审核合同签字，审核合同内容，审核通过后签字 |
| 11 | 所有资料报银行 | 信贷审核部 | 经审查确认后所有资料送银行放款 |
| 12 | 手续齐全，客户提车 | 销售部，信贷业务部 | 信贷部确认手续并签字，销售部协助客户办理提车手续等 |
| 13 | 办理抵押登记 | 信贷管理部 | 根据机动车登记证书原件和借款抵押合同到车管所办理抵押登记 |
| 14 | 客户资料归档 | 信贷档案部 | 整理客户资料，发票等 |
| 15 | 通知客户来领取公证书、存折等 | 信贷业务部 | 通知客户来领取公证书、存折（卡）等 |
| 16 | 还款日提醒及回访 | 信贷业务部 | 客户首期还款日前5～10天通知其按时还款，上门回访 |

## 3. 汽车贷款的计算

有关汽车贷款的计算，其实很简单，基本上只要知道相关利率就可以轻松地计算出来。

### （1）步骤/方法

以初期贷款部额为基数，按签约时银行同期贷款利率计算，在还款期间如银行利率有变化，则随利率调整，一般一年一定。

消费信贷采用每月等额还本付息的办法，计算公式为：

每月还款额=贷款本金×月利率+贷款本金×月利率/（（1＋月利率）×还款总期数−1）

### （2）注意事项

①若以质押方式担保的，或银行、保险公司提供连带责任保证的，贷款最高额可达到购车款的80%。

②若以所购车辆或其他财产抵押担保的，贷款最高额可达到购车款的70%。

④若以第三方（除银行、保险公司外）保证方式担保的，贷款最高额可达到购车款的60%。

## ★【案例】

现在很多保险公司或汽车网站，都在线提供汽车贷款利率的计算服务，即汽车贷款计算器。它是专门用于计算汽车贷款月供的计算器，可根据不同的还款方式与还款年限计算出不同的还款金额。当然，一般网站提供的贷款计算器只能计算简单的等额还款或等本还款方式。即便如此，汽车贷款计算器也是相当便捷的计算汽车贷款的方法。

●在现款购车价格一栏中，填入所购汽车的裸车价格，并选择首付款的比例，如五成，见表7-7。

表7-7　汽车贷款利率

| 款项 | 选项 | 金额 | 备注 |
|------|------|------|------|
| 现款购车价格 | | 20 | （单位：万元） |
| 车价首付款 | 首付比例（五成） | 100000元 | 首付款=现款购车价格×首付比例<br>首付比例由客户的资信条件等实际情况综合而定 |
| 贷款额 | | 100000元 | 贷款额=现款购车价格−首付款 |

●选择所要分期的年限，如一年（表7-8）。

表7-8　分期年限

| 首期付款总额 | 112939元 | | 首期付款总额不包括客户的自理费用<br>各地式、各信贷情况可能会稍有浮动 |
|------|------|------|------|
| 月付款 | 还款期限（一年） | 8599元 | 因贷款利率不同，各地区之间可能会有所浮动，以上根据2008年杭州市商业银行最新发布的利率表计算 |
| 支付利息 | | 3188元 | 所需利息 |

●点击汽车利息计算器的计算按钮，就可以获取相关的利息数值了。

## ◉ 三、任务实施

模拟汽车贷款的手续流程，设计一份汽车贷款的计划书。

## 任务三　汽车购买手续的代理服务

除了销售车辆，汽车销售人员也可以为客户提供代交保险、代上牌照、缴纳车辆购置税等代理服务。

### 一、任务分析

方便客户，就是成就自己。为客户提供代理服务，并收取一定的费用，不仅省了客户不少麻烦，提高了服务质量。而且能够进一步扩展业务，为企业创造利润。

### 二、相关知识

#### 1. 车辆购置税的缴纳

车辆购置税，是对在我国境内购置规定车辆的单位或个人征收的一种税。车辆购置税的纳税人为购置（包括购买、进口、自产、受赠、获奖或以其他方式取得并自用）应税车辆的单位和个人，征税范围为汽车、摩托车、电车、挂车、农用运输车等。

购置应税车辆，应当向车辆登记注册地的主管国税机关申报纳税。购置不需要办理车辆登记注册手续的应税车辆，应当向纳税人所在地的主管国税机关申报纳税。

#### （1）车辆购置税的特点

车辆购置税除了具有税收的一般特点外，还有其自身独立的特点。

##### ①征收范围单一

作为财产税的车辆购置税，是以购置的特定车辆为课税对象，而不是对所有的财产或消费财产征税，范围窄，是一种特种财产税。

##### ②征收环节单一

车辆购置税实行一次课征制，它不是在生产、经营和消费的每一环节实行道道征收，而只是在退出流通进入消费领域的特定环节征收。

##### ③税率单一

车辆购置税只确定一个统一比例税率征收，税率具有不随课税对象数额变动的特点，计征简便、负担稳定，有利于依法治税。

##### ④征收方法单一

车辆购置税根据纳税人购置应税车辆的计税价格实行从价计征，以价格为计税标准，课税与价值直接发生关系，价值高者多征税，价值低者少征税。

### ⑤ 征税具有特定目的

车辆购置税具有专门用途，由中央财政根据国家交通建设投资计划，统筹安排。这种特定目的的税收，可以保证国家财政支出的需要，既有利于统筹合理地安排资金，又有利于保证特定事业和建设支出的需要。

### ⑥ 价外征收，税负不发生转嫁

车辆购置税的计税依据中不包含车辆购置税税额，车辆购置税税额是附加在价格之外的，且纳税人即为负税人，税负不发生转嫁。

## （2）车辆购置税的征收对象

车辆购置税的征税对象包括汽车、摩托车、电车、挂车以及农用运输车等。车辆购置税的征收对象由国务院决定，其他任何部门、单位和个人无权擅自扩大或缩小车辆购置税的征税范围。

### ① 汽车

包括各类汽车，不论是小型家用汽车，还是大型客车、货车等，都是征税对象。

### ② 摩托车

**●轻便摩托车**

最高设计时速不大于50km/h，发动机汽缸总排量不大于50的两个或三个车轮的机动车。

**●二轮摩托车**

最高设计车速大于50km/h，或发动机汽缸总排量大于50的两个车轮的机动车。

**●三轮摩托车**

最高设计车速大于50km/h，发动机汽缸总排量大于50，空车质量不大于400kg的三个车轮的机动车。

### ③ 电车

**●无轨电车**

以电能为动力，由专用输电电缆供电的轮式公共车辆。

**●有轨电车**

以电能为动力，在轨道上行驶的公共车辆。

### ④ 挂车

**●全挂车**

无动力设备，独立承载，由牵引车辆牵引行驶的车辆。

**●半挂车**

无动力设备，与牵引车共同承载，由牵引车辆牵引行驶的车辆。

⑤ 农用运输车

● 三轮农用运输车

柴油发动机，功率不大于7.4kW，载重量不大于500kg，最高车速不大于40km/h的三个车轮的机动车。

● 四轮农用运输车

柴油发动机，功率不大于28kW，载重量不大于1 500kg，最高车速不大于50km/h的四个车轮的机动车。

### （3）车辆购置税的计算方法

车辆购置税实行从价定率的办法，计算应纳税额。应纳税额的计算公式为：

$$应纳税额=计税价格×税率$$

若客户买的是国产车，计税价格为支付给经销商的全部价款和价外费用，不包括增值税税款（税率为17%）。因为汽车销售专用发票的购车价中都含有增值税税款，所以在计征车辆购置税税额时，必须先将17%的增值税剔除，即车辆购置税计税价格=发票价÷1.17，然后再按10%的税率计征车辆购置税。

如某客户购买一辆10万元的国产车，去掉增值税部分后按10%纳税。计算得出的购置税为：100000÷1.17×10%=8547元。

若客户买的是进口车，计税价格的计算公式为：

$$计税价格=关税完税价格+关税+消费税$$

根据车辆来源的不同，计税价格略有不同。具体而言，计税价格分别按以下情况确定。

①从国内市场上购买的车辆，计税价格是客户支付给销售者的全部价款和价外费用，但不包括增值税税款。其中的价外费用是指，销售方价外向购买方收取的基金、集资费、返还利润、补贴、违约金（延期付款利息）和手续费、包装费、存储费、优质费、运输装卸费、保管费、代收款项、代垫款项以及其他各种性质的价外收费。

②进口自用车辆的计税价格＝关税完税价格＋关税＋消费税。

③自产、受赠、获奖或者其他方式取得并自用的车辆，计税价格是国家税务总局参照应税车辆市场平均交易价格核定的最低计税价格。

购买自用或者进口自用车辆，如果申报的计税价格低于同类型应税车辆的最低计税价格，又无正当理由的，计税价格是国家税务总局参照应税车辆市场平均交易价格核定的最低计税价格。

## 2. 汽车牌证的办理

由于经验和时间的关系，为新车上牌对很多客户来说，都不是件轻松的事。因此，客户往往乐于支付一定的手续费，让销售人员代劳。

### （1）汽车上牌的流程

#### ① 获得客户所需资料

获得客户的购车发票、车辆合格证书、交强险保单以及相关证明，并保管好。若是进口车，所需资料为：购车发票、进出口商检证明、完税证明、身份证（或组织机构代码复印件盖公章、组织机构代码卡、委托书盖章等）。若是国产车，所需资料为：购车发票、车辆合格证、完税证明、身份证（或组织机构代码复印件盖公章、组织机构代码卡、委托书盖章等）。

### ② 缴纳车辆购置税

购置税在购置税征稽处缴纳，需要提供身份证及复印件，购车发票（报税联），合格证原件及复印件，纳税申报表，如果是进口车辆还须提供海关货物进口证明书及复印件，商品检验单及复印件。限牌后，还需要打印购车资格证明方可办理购买购置税业务。

### ③ 过线检测

车辆需要到检测站进行过线检测。所需资料包括：购置税发票、保险卡、保险单、身份证、购车发票以及合格证。

根据最新出台的"新车免检"政策，对所有新出厂的轿车和其他小型微型载客汽车，办理注册登记前全部免予安全技术检验。

### ④ 领取牌照、行驶证

检测后把资料交给车管所，然后去领取临时牌照、行驶证。若是单位购车，须带上控办证明、法人代码，并须在机动车登记表上加盖单位公章。

### ⑤ 缴纳车船税

车船使用税再到附加费征稽处建档，并在附加费证上加盖已建档戳记，然后去所在地税务局（或购车时在其驻场代征处）缴纳车船使用税，领取税字牌。

## ★【注意】

如果客户是外地户口，还必须到所在派出所办理暂住证。因为在办理新车挂牌的程序当中，外地户口的车主除了需要提供身份证以外，还必须提供暂住证。

经过以上的程序，新车就完成了上牌工作。

## （2）新车上牌注意事项

①在车管所的条形码识别机上，上牌者可以在随机产生的10个号码中任意挑选一个。这种方式的弊端在于，号码组合不受人为控制，很难体现个性。但也并不是没有好处，这些号码对应的车牌已经制作完成，可以在办理相应手续之后当场领取，相当快捷。

②网上选车牌号的好处，在于它可以按照车主的意愿来进行数字和字母的组合，更具个性化。弊端在于，车主选出的号码只能保留3天。选定的号牌会在车管所确认后的数个工作日之后，通过邮寄的方式送递车主手中，并且需要缴纳25元的邮递费用。

③所有的国产轿车都可以免检，新车免检范围为轿车和备注了"新车免检"字样的小型、微型载客汽车及两轮摩托车。免检车型不包括越野车、小型微型普通载客汽车、重中型货车这种类型的车辆。

④新车免检不意味着可以直接上牌。免检只是省去了上线检测的一些项目，但还是必须到检测场检验车辆外观、拍照、拓号。另外，出于环保的考虑，需要检测尾气。

⑤新车在各区县的交通大队或当地安委会办理新车备案手续，须准备照片两张，到所在地安委会为新车登记备案。3日后车主可凭照片、临时行车执照、备案卡，到取牌照的车管所换正式行车执照。再到附加费征稽处建档，并在附加费证上加盖"已建档"戳证，然后去所在地税务局缴纳车船使用税。

## 三、任务实施

分组演示汽车上牌的流程，并评分。

# 反侵权盗版声明

电子工业出版社依法对本作品享有专有出版权。任何未经权利人书面许可，复制、销售或通过信息网络传播本作品的行为；歪曲、篡改、剽窃本作品的行为，均违反《中华人民共和国著作权法》，其行为人应承担相应的民事责任和行政责任，构成犯罪的，将被依法追究刑事责任。

为了维护市场秩序，保护权利人的合法权益，我社将依法查处和打击侵权盗版的单位和个人。欢迎社会各界人士积极举报侵权盗版行为，本社将奖励举报有功人员，并保证举报人的信息不被泄露。

举报电话：（010）88254396；（010）88258888

传　　真：（010）88254397

E-mail：　dbqq@phei.com.cn

通信地址：北京市万寿路 173 信箱

　　　　　电子工业出版社总编办公室

邮　　编：100036